行动派·自我精进系列

终身成长

Lifelong Growth

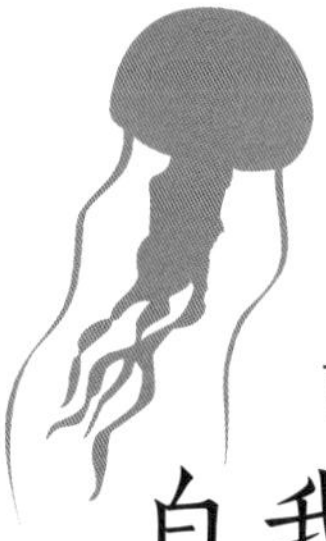

曹 涛/著

自我管理与人生进阶指南

中国法制出版社

CHINA LEGAL PUBLISHING HOUSE

前言

PREFACE

一个周末的下午，朋友坐在我身边，谈起他和一位职场咨询师交流的事。那是一次按分钟计算的付费咨询，谈话中他仿佛感觉到金钱在哗哗地流失。他决定结束谈话时，并不确定是因为自己真的得到了答案，还是舍不得继续为每分钟付费的时间砸钱了。他说，对一个处于迷茫中的工薪小白来说，这种付费咨询还是很奢侈的。

过了几个月，我再问他，那次咨询对你的职业有什么改变吗？他说："没有，生活节奏还是一样的。但是那一次的咨询体验还是值得的，我得到了前所未有的认知，活得不再那么糊里糊涂了。"

我刚要为他这样的心态感到欣慰时，他补充说："我依然不确定我刚才这么说是否存在认知偏差，是否在为浪费的钱做有价值感的辩护。"

自我认知真是一个矛盾的过程。

我没有他的好运气，还没有找到那种理所当然的生活状态。我从传统行业出来进入互联网行业，经历了一段跨界转型的痛苦探索期。传统行业的能力积累在跨界后似乎忽然清零了，不知道自己到底有什么核心竞争力。投身创业的热潮后，我也很快知道了市场的残酷。纵然有某一方面的专长，但是创业之路是全能选手的战场，缺乏任何一个领域的知识，都无法撑起一块独立的市场。后来还是选择从产品经理做起，慢慢找到了自己的方向，意识到产品主义和自己内心的诉求不谋而合。

进入一片新领域，渴望和这个领域产生更多连接，便开始写写文章，尤其是与产品相关的文章，慢慢在产品圈也得到了一些关注，出了一些产品课程，逐渐找到自我认同。后来发现还可以把这些年的经历以及对跨界和职场的思考写出来。我会边写边思考，因为写作会帮助我整理自己的思维结构。

写了一年多的时间，忽然发现积累了这么多零散的素材。这期间我换了一份工作，从互联网某垂直领域公司转到一家互联网巨头公司，思维也因为看到了更多维度而更具全局性。然而，新的工作节奏加快，让写作频次放缓了。

这么多素材堆在那儿，也没想要去整理出书。偶然的机会，出版商联系到我，问是否有出书的意向，我说可以，于是就按节奏整理了一下素材。整理后发现，这一年来，我记录了太多关于跨界的思考，当年转型期的痛苦过程历历在目。这些体会或许对大家有些帮助，可以从中得到一些跨界时从头来过的勇气。

为了获得那种“理所当然”的生活状态，这个转型是成长所需要的。只能摸着石头过河，走着走着，就看到了不一样的风景。这一路，写作是陪伴我成长的好工具。我建议每个人都多写一写文章，多记录一下自己的新认识，或许你也会有不一样的体会。

我觉得这本书是一本自我管理的书，更是一个跨界职场青年的心路记录。感谢那些出现在我身边的人，和他们交流启发了我太多的思考，让我忍不住将这些思考都记录下来。或许你们会在其中看到自己的影子。

祝好！

曹涛

目录

CONTENTS

第五章 每个人都会成长，问题是成为更好的自己还是更差的自己

第六章 全民创业时代，你真的准备好了吗？

第一章

所有失败的人生都败在思维模式上

我们希望日子能过得更加有温度和质量，于是一直在追逐着，为不确定的未来盲目地一路狂奔。其实，我们可以提前预知终局，假想某个终点时刻存在，在通往终局的路上微笑地看着每一个阶段要做的事情。如同那个经典的问题：如果还有一天生命，你该怎么过？

思维模式

|向死而生的活法|

如果将我出生的那一刻定义为拥有全部时间的话，时光确实从我手中流逝了；但如果将我死去的那一刻定义为我拥有了自己全部时间的话，那么，我一直都未曾失去过时间，而是一直在获取时间。

——宁波华天小学602班学生邵梓淇

这段话出自一篇小学生作文，这段关于时间的思考被班主任发到网上后，迅速走红。一时间从线上到线下，成为我们茶余饭后热议的话题，人们纷纷感叹小孩子对时间的认识。不久后，冯导的《芳华》上映，又投下了一剂“感叹药方”，使得我们对时间的追忆变得深沉起来。

人们不由得想，芳华易逝，该如何过完一生？

《奇特的一生》是一本奇书，作者以一位老人逝世后留下的一本日记开始，还原了这位老人如何珍视自己的时间，如何过完了一生。老人将自己每一天的行程都一笔笔地记录在笔记本上，在笔记本上可以看到他过去每一天每一分钟发生的事情。这种记录持续了56年，直到他82岁去世。这位老人就是时间管理领域的大师柳比歇夫。

他在苛责自己的光阴。

为何会有人如此苛责时间呢？

因为他们看待时间的维度不同。

时间的流逝感

抛开时间在物理学上的解释，它在大众眼中的概念其实一直只是一个抽象的名词。是为了生活的方便，人为设定的某种具有共识的记录方法。后来有了钟表，我们通过观察指针从一个刻度到另一个刻度，好似感到时间正在流逝。

然而，用这种钟表的刻度来量化时间，所感受到的流逝感过于抽象。若和个人的连接性不强，就很难被人感受到。如果换一种量化方式，让人深感息息相关，会让人对时间的流逝更在乎。

量化方式有很多。最可怕的一种大概就是一个人的死亡时间。

逝者如斯夫，不舍昼夜

假设世界上出现一种死亡时间手表，每个人买到后，只要戴上，死亡时间表就会开始计时。它计时方式是倒数的。它通过分析你的日常行为、心情状态、身体指标，动态显示你离死亡的天数。那么这块表上的数字就成为与你息息相关的时间量化值。因为你会在吃下一个汉堡或抽一支烟后，忍不住去看表上的数字，这是你的死亡时间，它将持续地影响你接下来的心境和行为。

如果有一块这样的时间手表，或许是灾难性的，它会让你天天活在确定性的对死亡的惶恐中。值得庆幸的是，死亡手表并不存在，你永远也无法获得确定性的死亡时间手表。

还有什么方法可以量化时间流逝感呢？

时间的量化标准

既然时间只有和个人产生强相关性，才能使人更强烈地感受到它的流逝，那么就需要换一种方式更好地量化它。这个量化方式有很多，如死亡时间、时间颗粒度和衰老速度。

上节提到的死亡时间虽然在日常生活中并不存在，但是对于患绝症的人来说，它却是存在的。对绝症病人，医生总会在征求患者家人意见后，选择性地告知病人可能死亡的时间。确定的死亡时间表是一种灾难也是一种解脱。

时间颗粒度是指一个人安排时间的基本单位。据说王健林的时间颗粒度很细，大约是 15 分钟，见一个客户最多给 15 分钟。英国资深记者玛丽 · 里德尔（Mary Riddell）说，盖茨的行程表和美国总统类似，5 分钟是基本时间颗粒度，而一些短会乃至与人握手，则被按秒数安排。对普通人来说，职业化程度越高，颗粒度越细；时间被切分得越细，时间流逝感就会越强烈。

衰老速度也是一个不错的量化标准。英国理论物理学家杰弗里·韦斯特（Geoffrey West）在《规模》一书中表达了对人类寿命的思考。他认为，人类寿命的上限从未真的得到提高。让人死亡的终极力量不是疾病，而是衰老。而衰老是可以用数学算出来的，其根本原因是细胞受到损伤。损伤有各种情况，其中之一就是终端毛细血管和细胞之间的磨损，而这种磨损是不可逆的。

根据他的猜想，用数学公式就能计算出人类的寿命。新陈代谢率与体重的3/4次方成正比，损伤率也与体重的3/4次方成正比，而生物的寿命则跟体重的1/4次方成正比。

$$\text{寿命}=\frac{\text{损伤细胞总数上限}}{\text{损伤率}}\propto\frac{\text{体重}}{\text{体重}^{\frac{3}{4}}}\propto\text{体重}^{\frac{1}{4}}$$

如此烧脑的一本书，值得学理派死磕一番。不过，这个公式至少给了我们两个具象化的长寿要求：少吃和多锻炼。

向死而生的活法

从物理学上来说，所谓的时间流逝其实并不存在。然而对一个人有限的人生阶段来说，时间流逝确实是真切的，一去不复返的。时间只能留下回忆，永远没有重来的可能。

比如，一个刚结婚的年轻人不久前拍了结婚照，那一刻的时间便永远定格成了回忆。等他将来儿孙满堂时，指着这幅照片，只能借景生情，回忆当年的时光。

那么，精彩地活着是不是最终就是让回忆活得精彩？

向死而生的活法，就是在死亡是既定事实的前提下，思考死亡之前的日子该怎么活。这种在回忆中度过的体验是奇特的。

例如，看当年的照片时，我们总会感叹自己的年轻和美好。多么渴望在年轻时多做点什么，多抓住一些什么，害怕错过我们本该拥有的最好年华。若从人生终点看当下，向死而生地看待现在的生活，便会庆幸现在依然年轻，还有大把的时间去过好自己的一生。

你需要预设未来，提前设计自己的终局，剩下的每一天都是在向那个终局前行。

记得 8 年前，我的第一次滑雪过于冒险。当时签完人身安全免责申明书，就坐着缆绳到达山顶。我不顾一切地从山顶冲下去，在危险的速度下，差点翻过防护栏冲下悬崖，被摔得差点休克。在病床上休养时，感叹自己盲目冒险，差点赌上一条命。无畏的举动让我诧异自己冒险的冲动，我真的不要命了吗？

我设定了很多冒险的路，这些路都可能通往终局。

常听说人生苦短，可是总是没感觉到苦短时就躺在病床上了，病床上的每一分钟都想念健康时的自己，然而健康时却总是欲求不满地想拥有更多。

我们希望日子能过得更加有温度和质量，于是一直在追逐着，为不确定的未来盲目地一路狂奔。其实，我们可以提前预知终局，假想某个终点时刻存在，在通往终局的路上微笑地看着每一个阶段要做的事情。如同那个经典的问题：如果还有一天生命，你该怎么过？

预设终局，才能向死而生。

你会做什么样的预设呢？

苛责光阴，只因为你看到的时间维度不同。岁月不饶人，我们又何曾饶过岁月？

最后

向死而生，其实早已是一种死亡哲学概念。

1927年，德国哲学家马丁·海德格尔在《存在与时间》里面用理性的推理详细地讨论了死的概念，并对人如何面对无法避免的死亡给出一个终极答案：**生命意义上的倒计时法——向死而生。**

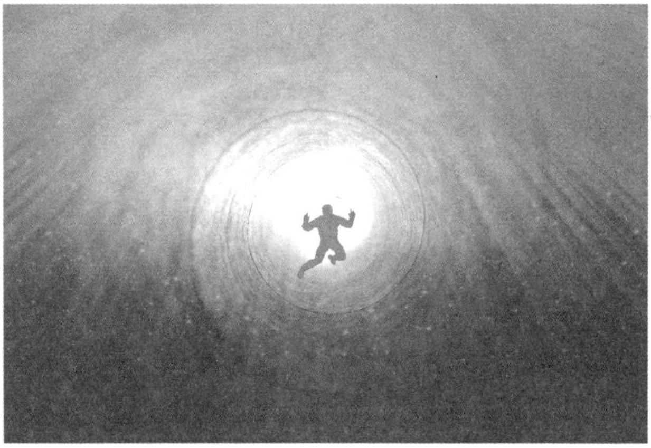

生命意义上的倒计时法——向死而生

|用“五维思维”来看当下的生活|

“得到 APP”创始人罗振宇在深圳卫视《2017 年春季知识发布会》的结尾处讲了这么一个场景：

假设现在是 2057 年 5 月 8 日，40 年后，我是什么样子我很清楚。我垂垂老矣，头发掉光，牙齿松动，步履蹒跚，但是因为我一生奋斗、待人厚道，所以结局还不错。我住的养老院是很好的养老院，风景很美，小护士也算漂亮。但是又能怎样，我那个时候已经老了，我对生活中的一切没得抱怨。我老了，所以也没什么事情，就经常在那儿做白日梦、祷告。老天爷你让我回到年轻的时候多好，都不用回到 20 岁，哪怕是 30 岁、40 岁都可以，只要我还有事做，我还有同事有伙伴，我还对未来的日子有个奔头和盼头就行了。然后我就一直做这个白日梦，一直向老天爷祷告。

突然有一天，老天爷就出现在我的面前说，你这个胖子干什么呀，不就这么点破事吗，不就想回去吗？走吧！“Biu”的一声，我就回到 40 年前了。

现在我是刚刚穿越回来的，我好不容易通过祷告回到 40 年前，我现在有你们，我有我的同事，我有我能做的事。那些事虽然那么难，但是我现在内心狂喜。大家替我想想此刻我是何等感受，今后这一生，每一点时光，每一个颗粒到极细的时间，我会选择什么样的方式度过。只要一想到 40 年后那个必然的终局，再回推到现在，我就必然成为一个终身学习者，成为和“得到”所有的用户一样的人。

罗振宇用终局思维诠释了这个场景带来的启示。所谓终局思维，就是设定的一个思维场景，我们可以通过空间维度来解读一下。

2014 年，一部《星际穿越》把影迷带入对时间—空间的大讨论中。接着中国科幻巨著《三体》据说要筹备拍成电影，一时间互联网上关于空间—时间的讨论更是达到空前热度。在这个讨论中，对几维空间的概念解读一直是一个热点，其中一条关于五维空间的解读使我印象深刻。

在五维空间中你会看到，同一个人有无数个四维轨迹图（每一个轨迹图都是他的一生，他可能成为医生，也可能成为总统，等等。所以五维空间中，有无数种可能的此人的一生）叠加在一起，投影到任何一个四维空间，概率波就缩成某一种特定状态，也就是他的某一种一生。

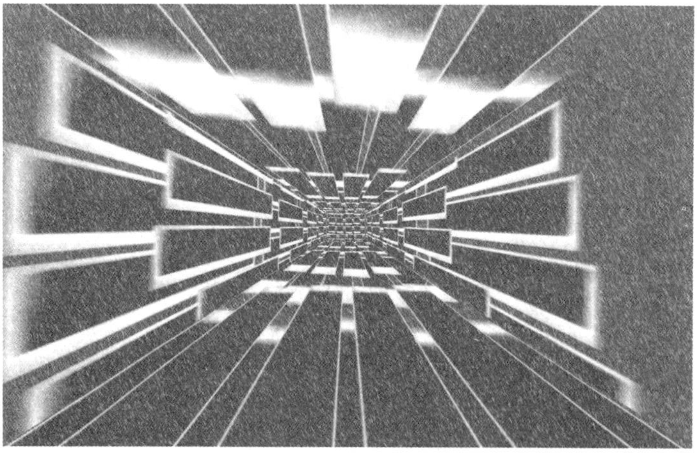

五维空间，人生的无数种可能

五维本质上就是概率和可能性。这些维度的概念很抽象，想理解都困难。因为我们日常生活在三维空间里，没法轻易跳跃到其他维度的空间里，最多在影视剧里窥测其他维度空间可能的表象特征。也正因如此，我们只能在思维模式上去理解这种维度的可能性，却无法真切地感受其他维度的存在。

大部分人习惯用三维思维来看待世界，但人可以借助其他维度来思考生活。比如，有人喜欢用一维思维去看待世界，认为世界非黑即白、非美即丑。降维地看待世界，世界仿佛一下子变得简单了。回到罗振宇讲述的那个场景，其实用到的就是五维思维，也就是想到了一种人生可能性，然后从这个可能性的终点回到发生的起点重新思考人生和行动。这样思考，眼前的世界便有了某一种可能性的存在，接下来发生的一切都将朝着那个终点发展。在一定程度上，眼前的世界不再那么无序、未知、不可预测。然而，在他提到的终局思维条件下，只预设了某一种可能性：思维里设定的潜在可能性，包括梦想、愿景或宿命。

在五维思维里，终局场景应该更动态。人生的可能性是无穷无尽的，但是这种无穷无尽并非没有被预测的可能。因为我们可以事先有意识地选择几种渴望的人生终点。从这些终点回溯到思考的起点，在起点处重新对待当下的生活，同时清晰地认识到，当下每一次决定和行动都将导向完全不同的终点。

我试想自己将来会成为一个什么样的人，然后站在未来自己的立场上再判断当前年轻的自己该怎么做决定、怎么行动。每一个决定和行为导致的现实和现状又会引发我对未来的新思考和新定位，然后用未来自己的立场来判断接下来的决定。这样不断变化的、动态地把每一天的日子过下去。

从终点回溯来思考眼前的生活，这种体验是很奇妙的。在日常的三维世界里，时间是一去不复返的。老人们永远希望回到年轻时的岁月，而年轻人又总是期待年老时的沉稳和安逸。倘若尚且年轻，能用五维的状态来考量眼前生活，是幸福的。正如罗振宇所言，就当现在的自己是50年后刚刚穿越回来的。可是这样的穿越机会只有一次，弥足珍贵。那么，接下来如何安排自己有限的生命呢？恐怕再珍惜都不为过吧！

只可惜，为何能拥有这种思维的人总是那些生命已过去大半、开始追忆似水年华的人呢？

使成功者走向失败的逻辑陷阱——路径依赖

在互联网圈，我碰到了很多自负的成功者。之所以评价他们“自负”，是因为他们非常认可自己的成功，并且将自己的成功完全总结为自己的努力，甚至开始不断布告自己的成功路径。

他们总结自己成功路径的逻辑是：因为我是……所以我要做……因为这么做成功过……所以接着做还能成功。

这种成功的思维逻辑，很多成功的人都用过，很多成功后陷入失败的人也总结过。

这句话有个最直接的出处。开心网创始人程炳皓总结过自己“失败”的原因，将其归结为四个字——路径依赖。

成功本来有无数偶然因素，但是我们没有认识到这一点，并且给自己总结了很多光辉的理论，然后说，我们今后还坚持这么干，扩大战果。“学我者生，似我者死”，更何况是学自己。一件事做对了，应该忘记它往前看。再回头一看，已经不是原来的样子。

说起开心网，它曾经是中国互联网的社交巨头，引得无数网友深夜去“偷菜”。2011 年估值达 500 亿元人民币，程炳皓的身价也一度达到上百亿，可在 2016 年 10 月，这个巨头却仅仅以 10 亿元人民币售出。

固执地沉迷于自己曾经成功的“心经”，真是危险。程炳皓对这种成功路径的依赖进行过反思：

身处这个剧变的时代，每隔两三年一小变，每隔三五年基本架构就全变了，自己之前成功与否，是沿着什么路径做的，以及打下的那一亩三分地，相比外界，就变得不重要。

然而，有多少人认识到自己只是打下了“一亩三分地”呢？很多人以为自己打下了整个天下。倘若他们稍有一些谦虚，不至于对路径依赖这个成功大忌不感到一丝恐惧。

路径依赖（Path Dependence）是指一旦人们做了某种选择，就好像走上一条不归之路，惯性的力量会使这一选择不断自我强化，并让你不能轻易走出去。

其实这是一个已经成熟的理论。1985 年，美国经济学家用 QWERTY 型键盘的故事证明路径依赖的存在。后来道格拉斯·诺斯在《经济史中的结构与变迁》一文中运用路径依赖理论成功地阐释了经济制度的演进规律，并因此获得 1993 年的诺贝尔经济学奖。

路径依赖理论被总结出来之后，人们把它广泛应用在生活的各个方面。在一定程度上，人们的一切选择都会受到路径依赖的可怕影响，过去做出的选择决定了他们现在可能的选择，人们关于习惯的一切理论都可以用路径依赖来解释。

既然是一种普遍的规律现象，那些前半程成功的自负者掉入成功路径依赖的陷阱就不足为奇了。

我们通过柯达公司失败的例子会发现，路径依赖理论几乎可以用尤其来解释世界上所有关于企业转型的案例，特别是失败的例子。

由于在银盐显影技术方面具有巨大优势，柯达早早地成为传统影像企业霸主。然而，在 20 世纪 90 年代，随着富士的发展以及数码影像技术的革新，柯达在美国市场的占有率不断下降。为了巩固自己的市场龙头地位，1998 年柯达以 12 亿美元并购中国亏损胶卷企业的方式加大对中国市场的投入，使柯达在中国的占有率达到创纪录的 70%，一举打败富士。而为了应对新技术的冲击、保持市场占有率，柯达将大量资金用于传统胶片工厂生产线和冲印店。但同时，为了维持这些传统产业的经营和利润，柯达只能不断推迟转型进程，将越来越多的精力耗于其中。这种如同厄运循环的自我强化，既让柯达疲于应对传统业务的萎缩，又无力进行转型。企业被锁定在这种无效率的状态下而停滞，不仅脱身乏术，而且随着时间的推移进一步恶化，甚至破产、倒闭。

其实柯达早在 1976 年就开发出数字影像技术，甚至在 1991 年就生产出 130 万像素的数码相机。但是，传统胶卷业务的辉煌在柯达转型之时却成了巨大的包袱。

从柯达的破产，可见路径依赖有两种状态：自我强化和锁定。这就是陷阱所在。

这两种状态同样发生在那些前半程成功的自负者身上。他们哪怕形式上在转型，但本质上还是对固有成功路径不断强化并将创新路径锁死。

这是一条可怕又悲剧的思路陷阱，人们却只有等失败时才能明白这是一个陷阱。

正如诺基亚当年傲慢、自负地打出“不跟随”的口号，却只有等到如今情怀散尽，才知当年的短视。

成功的经验固然值得总结，但是在瞬息万变的市场生态前面，在历史演变的漫漫长河中，那些所谓的“成功心经”其实是如此的不堪一击，何况人为的成功总结总是会夹杂太多天时地利的偶然因素，而这些偶然的不确定因素无法保证在下一个竞争者面前再次出现。

成功的经验不可靠，看马云创办的湖畔大学多有针对性：这是一所专门研究失败的学校——我们不能教你如何成功，但能教你如何避免失败。

湖畔大学的精髓是失败教育，因为创业如同打仗，活下来才算是真本事。马云交际圈里的人认为，成功的因素都差不多，失败的原因各有各的不同，来湖畔大学就是为了学习别人是怎样失败的以及我们怎样才能规避失败。

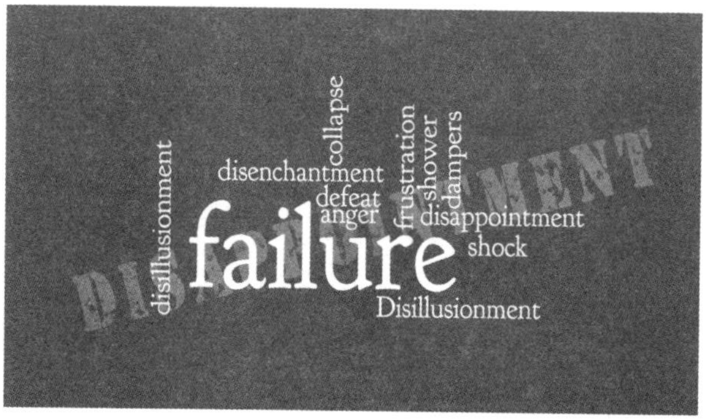

研究他人失败的原因，就是为自己的成功奠定基础

陷入成功路径依赖的自负者对那些失败的经验教训想必也是历历在目。可惜，他们依然将重心放在复制过往成功的路径上，他们努力规避曾经的失败陷阱，却陷入新的失败泥潭。

或许他们还不曾在成功的路上跌倒过，没来得及了解原来成功路径也是有陷阱的。等他们真跌倒了，哪里还有力气再爬起来总结失败？

当一个人总是在总结自己成功的经验时，那么他离失败就不远了。

当一个人总是在总结自己失败的经验时，那么看来他已经没有力气起来了。

大脑的黑匣子模式

计算机深度学习模式指计算机的学习过程是一个黑匣子模式，这也是深度学习最让人感到不安的地方。AI 能很好地得出人类要求的结果，人类却不知道它的思考过程，也并不知道计算机是否有过“思考”。

那么，用 AI 的这种产出思路来参考大脑模式如何？

喂食数据

比如，持续给大脑喂食大量的数据，这样用黑匣子思维就可以很好地让大脑在无意识中解决问题，从而产出要求的结果。

对一些文字工作者来说，这种体验是存在的。在给大脑下达某个主题文字任务后，不用去思考如何完成，而是持续大量地阅读相关素材。阅读得越多，文字的灵感就越丰富。大脑很自然地对这些数据进行加工和处理，或许睡一觉后，就开始文思泉涌。

把大脑当成一个黑匣子，只需要喂食足够的数据，似乎就不用担心产出结果。可是，我们为什么总是在工作产出过程中充满焦虑？

我们之所以对工作产出焦虑，就是因为大脑还没法响应最终的结果。我们吸收知识，然后产出结果，如果用黑匣子思维，只需要给出它要达到的结果，然后自动运行。

焦虑的大脑

如果要达到的结果高于它的响应惯性，就会产生焦虑。如同一个常常词穷的人要马上加入口若悬河的辩论，肯定会感受到压力。

面对这种情况，该怎么做呢?

我们需要将最终结果分层设定，也就是目标分解，用金字塔的方式来分解目标。大脑可以先响应最底层的目标，之后逐渐响应最上层的目标，从而产出最终结果。

处理训练

AI 的深度学习模型中，计算机是需要不断训练的。同样，要做到无焦虑一步到位的输出能力，需要对大脑进行训练。

我们的常规学习模式，就是通过一次次实践让我们对目标值感到轻松，通过一遍遍的反复验证让我们确定这是我们要达到的最终效果。

大脑也需要不断训练，需要用不同的数据来训练大脑模型。

我们用整块的时间去阅读，去学习，去吸收各种知识，充实阅历，就是在不断给大脑带来数据支持。我们的大脑对非结构数据的处理能力很强大，如处理图片、语音，等等。

我们无法做到像计算机那样高效，但是在处理非结构数据、抽象数据上会表现出神奇的能力。难怪只有人类才能进行哲学类思考，才有分析出复杂多变的情绪能力。人类所具有的能力有些是与生俱来的，有些则需要不断训练来提升。

我们可以通过不断地输入数据来提高大脑的数据处理能力，海量的数据输入并不是指需要输入生硬的信息数据点，而是输入数据网状系统。大脑对信息的处理往往是联想式的、回忆式的。我们只需要知道某个信息存在哪里、如何有效取用就可以。至于这些信息是如何发挥作用、如何产出我们想要的结果的，当大脑是一个黑匣子就够了。

很多人担心大脑的存储量有限，已经有科学报告驳斥这种错误认识。

大脑可能更适合记录网状知识结构，而这种方式的信息存储量有限。我们需要用笔记或者 APP 的方式来协助我们记录那些碎片化的数据，留给大脑更多思考的空间，更多地记录那些可以将知识点联结起来的信息。

另外，也不能忽视一些底层信息的沉淀。如果只是做网络的搭建，而没有填充一些骨肉，那么这些网络就无法支撑起来，变成一团乱麻，给大脑的处理工作带来负担。

有时候大脑的处理能力很慢，就像我们说一些人天生愚笨一样。但是当给大脑被喂食足够的数据后，它是如何处理这些数据的，我们大可放心。慢速处理也能够产出理想的目标值，这便是我们理解的“勤能补拙”。

升级认知

我们大脑的处理能力既然能够提高，也就必然能够有效训练。至于为什么能训练，其实不难理解。人类一直是处于进化之中的，现代人比古人聪明很多，也就是说，现代人大脑的处理速度要快很多。对大脑的训练，最典型的一种表现就是不断提升大脑的认知水平。

这种提升，最走捷径的方式就是模仿更聪明人的思考方式，将前人的智慧直接复制过来。到无可复制的时候，就需要自己创新。然而，颠覆式的创新是很难做到的，这个时代很多新的认知都是积木式组合出来的，可以先机械地进行组合，再深度融合。

认知升级是一个循环往复的过程，从大量的数据导入到某种联结带来的灵感，从而推动大脑进行一次微小的认知升级。升级之后的大脑对此前的数据再次处理，产生新的联结，发生新的认知变更。

大脑需要经历三个环节：喂食数据、处理训练、认识升级，这就是我认为的大脑的黑匣子模式。

在改变世界前，你意识到周期律了吗？

初入互联网圈时，朋友给过我一个忠告。他说："记住，每一个项目都有周期，每一个产品亦如此。思考周期，就不会害怕面对残忍的悲剧。"

我明白他说的悲剧是指产品被无情砍掉，或者项目被强制中止。这就像初生的孩子夭折一般，让生父母痛不欲生。

这些极端的事件固然是一种悲剧，但大悲大痛总是很短暂的。产品被砍掉就会有新的产品立项，项目被中止就会转移到其他项目上，而前面产品或项目积累的经验能够很快嫁接到新产品、新项目中。悲剧的结果无非是团队发生了变化，资源的组合方式发生了变化。

在这样周而复始地一个产品一个产品、一个项目一个项目地运作中，才能领悟到真正的悲剧：逃不掉的周期律。

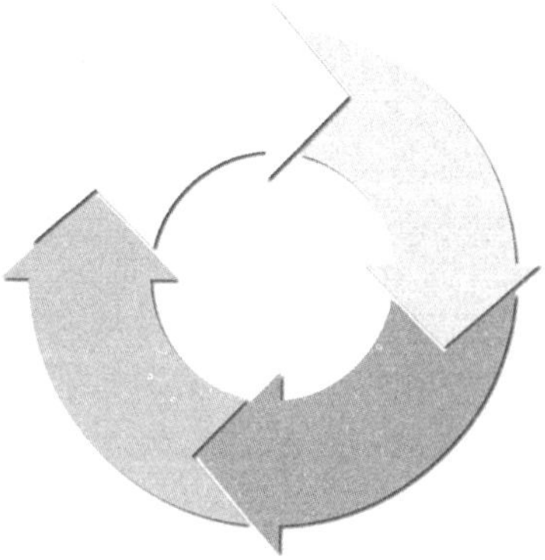

逃不掉的周期律

历史周期律

说起逃不掉的周期律，最典型的应该是历史王朝更替周期律。针对中国历史上的王朝兴亡，有一段经典对话：

1945 年 7 月，黄炎培到延安考察，谈到“其兴也勃焉，其亡也忽焉”，便感叹历朝历代都没能跳出兴亡周期律。毛泽东表示：“我们已经找到了新路，我们能跳出这周期律。这条新路，就是民主。只有让人民来监督政府，政府才不敢松懈。只有人人起来负责，才不会人亡政息。”

朋友喜欢看历史书，我们在一起时也会深入讨论某段历史故事，并经常会一起讨论其他周期问题，尤其在产品和项目周期中，我相信也有历史周期律思维的影子。

产品周期律

对于产品周期，哈佛大学教授雷蒙德 · 弗农（Raymond Vernon）1966 年在其《产品周期中的国际投资与国际贸易》中首次提出产品生命周期理论，现在逐渐被互联网行业圈认可。

产品生命是指市场上的营销生命，产品的生命和人的生命一样，要经历形成、成长、成熟、衰退这样的周期。就产品而言，也就是要经历一个开发、引进、成长、成熟、衰退的周期。

——雷蒙德 · 弗农

大部分做产品、运营培训的老师会专门讲解产品生命周期的概念，并拿各种市面产品案例来解读这个周期概念，核心就是教会大家如何识别产品周期，如何在周期的概念下让产品的生命更持久。

他们说出一个很残酷却非常普通的事实，你所经历的任何产品都是要衰退的，只是时间早晚而已。

产品衰退前，会有一段迭代的生命周期。这里的迭代周期就不是那种“敏捷开发，小步迭代”，无限逼近市场需求的周期概念。

一个产品设计成型，定下设计原则，用小步迭代的方式最终形成市场流动产品，可是产品的固有属性自身却很难革命，除非衍生新产品线。譬如，阿里巴巴衍生了TOC的淘宝网，淘宝网孕育了支付宝，而支付宝俨然是一个全新的生态系统。同时，淘宝网构建了自身的服务器架构，作为独立产品向各个机构售卖。但是淘宝网会进行自身革命吗？比如，变成一个类似谷歌（Google）这样搜索万物的引擎？

这些产品的固有属性使其不太可能进行跳跃性的革命，但是它背后的产品顶层设计团队（或底层的投资者）却可以不断地调整产品组合策略。事实上，这些投资者无不表达出对未来产品的担忧，他们害怕错误的决策会加速产品衰退期的到来。他们用一系列的策略来对冲这类风险，如进行大胆敏锐的投资、兼并一些新生公司，或者尝试多团队多产品多品牌战略，让它们在市场中自由搏杀。

若不是对产品周期的透视，不会如此忧心忡忡地布局。而产品在进入衰退期时，也会努力挣扎，试图重整雄风，于是就产生几轮革命性的迭代周期。遗憾的是，再经过几个小波峰之后，依然无可挽回地被其他产品接盘。

我们看现在风口上的手机市场，有这么一小段新闻吸引了大众的关注。2017 年 7 月 7 日，小米公司举办了手机业务誓师大会。会上，董事长雷军宣布了一个好消息：小米第二季度出货量 2316 万台，环比增长 70%，创造了季度手机出货量的新纪录。

雷军激动地说了一句意味深长的话：经过两年的调整，小米重新恢复高速增长。这是小米发展史上意义非凡的重大胜利，世界上没有任何一家手机公司在销量下滑之后能够成功逆转，除了小米。

这种对比背后的潜台词是：如今手机公司最辉煌的时代已过去，这一行业无可避免地开始衰退。

产品周期如此，放大到整个企业更是如此。那些 A 股借壳上市的公司固然有革命的表象，但因为换了一套班子，过不了多久就换名了，如“鼎泰新材”被借壳后正式更名为“顺丰控股”。

企业周期律

“企业生命周期”这个理论来源于伊查克 · 爱迪思（Ichak Adizes），他用 20 多年的时间研究企业如何发展、老化和衰亡。他写了《企业生命周期》，把企业生命周期分为十个阶段，即孕育期、婴儿期、学步期、青春期、壮年期、稳定期、贵族期、官僚化早期、官僚期、死亡。爱迪思准确生动地概括出企业生命不同阶段的特征，并提出相应的对策，指出企业生命周期的基本规律，揭示企业生存发展过程中的特点。

对职场人而言，如果深知企业周期的存在，大概打工都会超脱不少。

不过，对企业创始人来说，却不是这样。马云曾感叹：所有的企业，小企业最好做，做大了都难过，互联网企业尤其难做。至少我讲实话，我如履薄冰，每一天就像过一年一样难过，每一年像过 15 年这样的压力。

行业周期律

推而广之，还有行业生命周期。行业的生命发展周期主要包括四个发展阶段：幼稚期、成长期、成熟期、衰退期。行业的生命周期曲线忽略了具体的产品型号、质量、规格等差异，仅仅是从整个行业的角度考虑问题。比如，现在煤炭行业低迷，有新闻报道，省长都开始各地吆喝卖煤了。而在《平凡的世界》描述的时代，煤炭行业很是红火。现在都说石油行业是夕阳产业，喊了 40 年的夕阳，如今依然高高在上，没见夕阳开始出现余晖。这便是行业周期使然，起起伏伏，但不会像企业或产品周期那样剧烈，发展要缓慢很多。成熟后的行业，一部分变成稳定型的行业，一部分较快地进入衰退期。

大部分行业的周期变化是漫长且缓慢的，很多人深陷行业中，直到切身碰到一次行业低谷，才意识到行业周期的存在。

如近些年一个火爆的现象级行业：小龙虾行业。2016 年，我国小龙虾总产量为 89.91 万吨（含捕捞产量），我国已然成为世界最大的小龙虾生产国。2016 年 8 月，美团点评数据研究院发布的《大数据里的小龙虾经济学》显示，小龙虾市场从 2015 年起获得爆发式增长，市场规模已超过 1000 亿元，全年人均消费达 84 元。小龙虾行业已经形成非常完善的产业链。

大量的资本开始进入这个市场，很多人投身其中。然而有报道指出：一个新兴产业由发展期到平稳期再到衰退期是需要时间的，就小龙虾目前的井喷状态，极有可能不经过稳定期而直接进入衰退期。

如果你不曾有行业周期的意识，那么当行业发生大拐点时将会惊慌失措。

写在最后

很多人怀揣着使命感渴望改变世界，如设计出一款革命性产品，如极速成长、快速致富。然而在树立如此宏愿之前，却不曾具有敏锐的周期意识。功成名就的那一天是极度危险的，高峰过后必然会下坡，一个小小的拐点都会带来毁灭性的打击，周期中的每一个阶段其实早已埋下隐患。

我们看看自己的住所，一个小空间随着时间的推移都在发生着各种周期变换，何况屋外的大千世界？

财富是一种思维

在成为富人前，我总是会抱怨财富，似乎财富一直离自己好遥远，迟迟不来。

当成为富人后，我便开始感谢财富，似乎财富总是陪伴在我身边，使我越来越富有。

如今看来，财富是一种思维。

致敬财富

拥有者的态度

首先，必须明白，你已经足够富有，你未来的努力只是让这种富有变成现实。因为只有富有的人才能变得更加富有，而贫穷的人将会更加贫穷。

圣经《新约 · 马太福音》中说：“凡有的，还要加倍给他，叫他多余；没有的，连他所有的也要夺过来”。这句话为大众熟知，也成了一种生活中的定律：马太效应。马太效应就是一种两极分化效应。1968 年，美国科学史研究者罗伯特 · 莫顿（Robert K. Merton）将“马太效应”归纳为：任何个体、群体或地区，如果在某一个方面（如金钱、名誉、地位等）获得成功和进步，就会产生一种积累优势，会有更多的机会取得更大的成功和进步。

财富的分布规律就是一个赢家通吃的现象。那么，既然财富存在这种规律，表面上经济贫穷的我们是不是越哀叹，富有的希望会越渺茫呢？

这是一种悲观的宿命思维。事实上，我们需要借用这种效应，从内心告诉自己，我已经足够富有。比如，我有健康的体魄，有旺盛的求知欲，有改变命运的决心，有支持我的亲人朋友，还处在难得的和平时代。

以上任何一个条件，对于缺乏它们的人来说，都是永生渴求的财富。不要等到失去已经拥有的财富时，才意识到它们的存在。

看看自己的双手，健全、灵动，借助工具，就可以创造出精妙绝伦的事物。财富已经在你身上，你只需要在财富的路上走得更稳。

打好台基

你必须做好前期的储备，才能有势能开始做增量的台基。

古希腊神话中有一个人物叫西西弗斯，因为触犯众神遭到惩罚，每天要推一块巨大的石头上山。他白天把大石头推到山顶后，晚上石头又会滚下来，于是第二天他又要把那块石头往山上推，这样周而复始。这个故事一方面显示了西西弗斯在“永无止境的失败”命运中受苦受难，另一方面也形象地展示了一种巨石上山的势能。

受尽艰辛，只是让我们的石头（财富）处于一个高一点的山顶上，于是才能看到另一个山顶的高度。可是，我们努力将其推上去后，没有打牢台基，石头又滚下来了。就像西西弗斯一样，周而复始地从山脚处推向山顶，那么石头终究只是在一条坡道上来来回回，而我们的有限精力就要在这无效又无望的劳作中慢慢耗尽。

西西弗斯受到诸神的惩罚，而我们生来并不存在这种惩罚。如果努力推上去的财富又滚落到原点，说明我们没想明白，财富增长是要不断聚集势能的。一个台阶一个台阶地走，才能拥有更多的财富。

不回避风险投资

如果没有承担风险的意识，那么财富终将缓慢爬坡，必须用风险去创造新的财富。别忘了，你已经足够富有，作为一个隐形富翁，为何不去做一些风险投资呢?

小富小贵，大富大贵，我们一旦稍微有点财富，就会变得脆弱，因为过于守财，而害怕承受风险。事实上，这是对已有财富的不自信，对创造新财富的不自信。

古人有一句俗语:“富贵险中求。”如今这似乎成了一个坏的俗语，因为我们听到太多“险中求败”的例子。老一辈总会用自己无数次失败的例子教导晚辈，要学会安稳地过一生。

当我们思考这个“险”和“稳”时，需要知道财富对你来说，是一个稳定的富有状态，还是一个不稳定的富有状态。而这个状态更多程度源于我们的主观判断。比如说，你好不容易获得16万美元的财富积累，你觉得自己是稳定富有还是不稳定富有?如果是前者，你会感觉16万美元够了，失去它太可惜。如果是后者，你会不满足，期待这笔钱创造更多价值。

我们来看看李笑来是如何看待这16万美元的:

> 2011年的时候，我恰如其分地穷。那个时候我的海外账户里能拿出来的钱，最多总计16万美元。我开始关注的时候，比特币的总市值刚刚从200万美元蹿至500万美元。因为我恰如其分地穷，所以说冲进去就冲进去了。可是，那时候我给几个大佬讲这个事情，他们的一致反应是，“哇!这东西牛×啊!好玩!”然后呢?然后就没有然后了，为什么?因为他们每天随随便便投资的创业公司也都是这个规模量级，一年要投几十个，单单这么一个“项目”里，放不进去那么多钱……
>
> ——《不要让“区块链恐慌”影响你的生活》，李笑来

但是冒再高的风险，也要留下吃饭的钱。风险可以创造财富，并不代表任何风险都是值得去冒的，风险并不必然导致财富。

做足研究

你凝望财富时，财富也在凝望你。如果你眼中的财富是深渊，那么财富对你来说将永远是一个谜。你需要放一些探测器下去，好好打探一下财富的模样。在煤老板眼中，煤层就是财富的特征；在石油公司眼中，油层才是财富的特征。

投资大师彼得·林奇常常将股票研究和平常的购物对比，大众总是花很多时间在一些商品的对比上，研究这个参数、那个参数，从而判断商品是否超值，却在股票投资时过于自信，听到一个小道消息就匆忙决定大笔买入某只股票。

普通人似乎容易有一种过度自信，花钱买入可能带来财富增值的事物时，总是忽视谨慎研究的好习惯。但是当购买某个消耗品（随着时间流逝自然损耗）时，就会谨慎很多，研究的时间会更多。想想你上次购买一辆汽车和购买某只基金时所花的时间吧。

彼得·林奇说：当投资者努力挑选一只好股票时，一只好股票也正在努力地挑选投资者。不做研究就投资如同不看牌就玩梭哈扑克游戏一样危险。

你在寻找财富时，财富也在寻找它愿意寄生的人。你不去了解它，它又如何心甘情愿地留下来陪你？

不要投机

任何时候，我们对信息的掌控都是不完备的。我们总是在不完备信息条件下企图拥有更多财富。投机就是一种在信息极其不完备状态下的赌博心态。你可能会赢十次，但是不能一直都赢，总会有一次投机失败，让财富血本无归。

更可怕的是，投机除锻炼一番你的胆量外，并没有带给你更多接近财富的能力。

规避投机问题，最佳策略就是弥补信息不完备的局面，花时间研究财富。

对待财富的研究如果只是追逐形式，像在股票市场上研究 K 线图而不是研究基本面一样，脱离了价值投资，就是在使用投机的心态对待财富。你以投机的态度对待财富，那么财富也以投机的态度对待你。

财富需要时间

两个年轻人，一个在 23 岁开始每年投资 10000 元，直到 45 岁，这笔钱每年按照复利 15% 的收益增长；另一个年轻时活得自在，32 岁才开始投资，为了弥补往日失去的岁月，他每年存 20000 元，这笔钱同样按照 15% 的复利计算，当二人都到 45 岁时，你认为谁的钱更多？

答案是：23 岁开始投资的年轻人。

23 岁的年轻人在 45 岁时，通过复利可以获得 137.63 万元，而 32 岁才开始攒钱的人到 45 岁时，虽然每年的投资金额是 23 岁年轻人的两倍，但他只能获得 68.7 万元。

“股神”巴菲特在 1963 年写给合伙人的信中说：“我们的合伙基金存在的根本原因就是要以高于平均水平的收益率复利增长，而且长期资本损失的风险比主要投资公司更低。”他在只有 30 多岁的时候就明白复利的重要性，并于 1962 年、1963 年、1964 年先后讲了三个历史故事说明复利的神奇作用。

我们开始明白复利的价值，即稳定的增长将会带来惊人的财富。复利的规则是牺牲短时的消费，从而赢得更长远的回报。

复利仅仅是财富积累的一个小策略，在财富积累中，还有很多策略。这些策略都指向一个方向：时间，财富积累是需要时间的。巴菲特这样总结自己的成功秘诀：“人生就像滚雪球，重要的是发现很多的雪和很长的坡。如果企图一下子掉出一个大雪球，那么雪崩之下你不仅接不住它，还可能粉身碎骨。”

明确自己的能力边界

明确自己的能力边界是一种对待财富的基本思维策略，永远要在能力边界里做事，对不确定性要心生敬畏。

在对财富的态度上，需要有管理意识。管理钱来钱往，首先得清楚自己的能力边界。评估自己能掌控多大的财富，在多大的风险下让财富流动起来不心疼，这个就需要我们对能力圈的管理。

巴菲特在 1996 年就能力圈的边界与大小问题做过这样的阐述：你并不需要成为一个通晓每一家或者许多家公司的专家，只需要通晓在你能力圈范围之内的几家公司就足够了。能力圈范围的大小并不重要，重要的是你要很清楚自己的能力边界。

思考自己的能力圈，就是指要有边界思维。硅谷投资人吴军在他的专栏《吴军的谷歌方法论》中，特别提到边界思维。

逻辑学家图灵和常人思维方式的差别在于：图灵是先找到极限所在，再在极限里寻找具体问题的答案，而不是浪费时间去做那些试图超越极限的事情。具体到计算机这件事，图灵首先考虑的是“数学问题是否都有明确的答案”。因为问题不解决，就辛辛苦苦去解题，最后可能发现题目无解，一切努力都是在浪费时间。

那么，如何计算出自己的能力圈？有人曾就此向巴菲特与他的黄金搭档芒格发问。

对此，芒格幽默地说：“如果你确有能力，就会非常清楚你能力圈的边界。若你问起这个问题，就意味着你已在圈外。”巴菲特则坦承自己并不能就此提供什么切实可行的办法：“我非常了解自己的能力圈边界，但对其他人实在没有什么建议。”

这是一个需要自己去悟的问题，在财富面前的确没有一条可以完全被人指引的康庄大道。

写在最后

总的来说，财富这种思维需要我们用一种拥有者的心态，努力去打好台基来获得财富增量的势能，利用风险去创造财富，却要尽力避免投机的不稳定局面。这一切都需要做好对财富的研究，在自己的能力边界中掌控所拥有的财富，同时需要有耐心给财富足够的时间，让财富慢慢滚成一个大雪球。

然而，在财富的路途上，我们都将走出一条自己的路，没有人能一直指引。那些你笃定的指引，或许只是魔鬼的召唤。你需要建立属于自己的财富思维、财富观。

最后，不得不承认，富有是乐观主义者的命运。巴菲特就说自己是幸运儿，恰好出生在美国，也恰好出生在美国国运昌盛的年代，要是出生在非洲，或者几千年前的美洲，他很可能成为那些凶猛野兽的午餐，因为他既不擅长奔跑也不会爬树。

我们赶上了千载难逢的昌盛的中国，迎来了如今繁荣的中华国运，每一个人都可能成为这个时代的幸运儿，因此更应努力创造出属于自己的财富！

第二章

深谙学习之道的人，总是能轻松胜出

你是一个终身学习的信仰者，打开一本书，期待享用一顿知识盛宴。果不其然，书中的观点让你脑洞大开，自认为自己的大脑系统又得到了一次升级，于是满怀欣喜地开始读下一本书。一本接一本地读，不断地满足大脑对新知识的好奇和探求欲望，随之出现了所谓的知识焦虑感。可是，某一天当你打算好好写一篇文章时，却感觉大脑的知识存量依然不够。

学习之道

从罗永浩的“得到”专栏停掉，看知识生产者服务的动机

得到 APP 曾邀请锤子科技创始人罗永浩打造一款年度专栏《罗永浩创业课》，然而专栏进行到一半，老罗就宣布停止更新他的专栏，并发了一封道歉信。

我无法再完成后续的专栏更新，我的身心状态和公司的现实发展局面都不允许我再以这样的状态继续下去。

我是他的订阅用户，几个月前发现专栏开始无法按期更新时，就预感这档专栏可能要流产。果然，这档直播创业课终止了。

在听课时，我就怀疑这些干货输出的质量，一个创业者的精力如何维持长达一年的创业直播指导？从商业运作上来看，老罗如果选择精品课（小课程）可能会稳妥很多。

例如，得到产品发布会邀请真格基金创始人、新东方联合创始人徐小平，让他分享创业和风投的经验，最后上线了一档 1 元钱的《徐小平讲创业基本功》，购买量超过 10 万。

精品课（小课程）这类知识付费产品小而精、精而美，而且这类一次性交付性产品牵扯的精力必然是阶段性的，如几周、几个月，生产出

来一套后就可以休息了。

而大课需要每周甚至每天持续稳定的输出，如果没有工业化的生产流程，维系起来会非常艰难。

显然，每一个得到大课的背后，一定有一套工业化产出流程和服务团队，老罗的创业课也不例外。

罗永浩尝试了多种方法，试图减轻自己的负担。他谈道："搜集资料、整理内容的制作团队尝试了很多方法（一度有五个人接近全职帮我做内容，但不能代笔）。像这类工业化的输出，其他作者都如此。得到 APP《关系攻略》的主理人熊太行说："除了睡觉、来公司开会（一周一次）的时间，其他时间都在做《关系攻略》。有的文章一气呵成，三个小时写完。也有时写了几千字再推翻重写，最长拖到三天。"

由于得到产品有相对"苛刻"的品控要求，上面的专栏作者要付出辛苦的努力。

如刘润的专栏《5 分钟商学院》，虽然成品只有 5 分钟，但在一次直播中他谈到，自己每天花在课程上的时间长达 6 个小时。

如此高强度的打磨，可以说明这些知识生产者都是一群对自己知识产品较真的人。到底是得到产品平台方的品控较真，还是生产者本能的较真，这个就不得而知了。不过，既然都是一群大咖，我会"偏见"地认为，必然是生产者对产品本身较真了。

这个"偏见"的潜在逻辑是，这些大咖的知识分享首先是源自对知识分享效果本身的热衷，而不是为了赚钱。或者说，为了品牌的流量服务。

创业成功之前忌讳高调，如果刻意高调，一定有着潜在的商业动机，而负担着商业动机的知识生产很难持续。

持续的知识生产是一项人类智慧传递的服务。就像把一个人的大脑绑定在社会协同的大机器上，往大脑里不断输送信息流，然后抽取过滤后的信息，包装成产品，而这些产品可以不断满足其他大脑升级的需求。

满足了用户，即累死了生产者们。上线这种持续性的知识服务，将会导致知识生产者的分化。一些赚一笔就走的人会离开，那些专注分享的人会变得越来越专职化。

所以，做一个知识生产者也不是那么好玩的。从职业属性来看，教师和培训师可能更适合这份工作，而其他行业的人则适合输出阶段性产品，即精品课（小课程）。这一点从“得到”APP 中的专栏作家就可以看出，教师职业的人越来越多。如果真是如此，对整个知识生产业态不见得是一件好事。未来，在持续知识生产上，应该还会有技术性的创新来打破这种职业趋势。

知识产品的正确打开方式：如何免掉不必要的智商税

在一个产品群里看到有人转发质疑对知识产品付费的文章，文章写道：花了一大笔钱，我只是交了一笔“智商税”。下面评论一大片，表述的无非是：跟风付费这些知识产品后，其实啥收获都没有。

道理全部懂，还是过不好这一生。这种心声能引起这么大的反响，看来是因为引起了一群思维懒惰之人的共鸣。道理很简单，就像去超市，看到琳琅满目的商品，控制不住自己的消费欲望，却要怪广告太迷惑人。

知识产品的商品本质

知识产品终究是一种商品。生产者和分销商对它进行吸睛的包装，就是为了让你掏钱。现如今的知识生产者、分销商对这种商品行为越来越坦率：我们就是想赚钱。

> 对于内容创作者来说，首先要想的事是怎么样来赚钱。
>
> ——李笑来

但是，在互联网时代，知识生产圈也有一个共识：不赚昧良心的钱。

他们会强调交付感，为的就是让你的付费行为更合理。

比如，得到 APP 免费发布了《得到品控手册》。我觉得这是知识分销者最彻底的一次良心表白，里边的很多内容可以用“赤裸裸”来形容。

比如，这本品控手册非常直白地给订阅作者（知识生产者）提了几条产品建议，简直就是在手把手教他们如何包装自己的知识内容，让订阅者更愿意买单，买单后还觉得物有所值。

我引述几段“赤裸裸”的表述：

作者不是为了显示“我牛 ×”，而是为了“尽力让用户牛 ×”

建立人格体的关键是：让用户感知你的服务靠谱、尽责尽心。

通常一期节目的结构，心法是两个：陌生的硬知识要多，这是价值感之锚。颠覆点常识，这是用户黏性之锚。

对自己旗下王牌产品《每天听本书》，得到 APP 也给出了非常清晰的包装条例，甚至直接给出“交付感”明训：

本产品是付费产品，除内容本身保证“知识”“提纯”外，在内容形式上也必须给用户明确的交付感——听众花钱之后，必须有清晰的“收到”“得到”感受。

这本《品控》对产品、对运营、对其他工作流程都有详细的描述。工作流程越详细，越烦琐，也就越突显打造出来的产品的含金量。付出如此心血的产品，目的就一个，打动你，让你买单！

若没有看清知识产品的这种商品属性，那么你的付费行为确实是一种跟风的盲动，这也难怪付费后会感叹交了一笔“智商税”。

然而，认识到知识产品的商品属性，你就能控制好对它的购买欲望吗？

答案是不能。

你的学习门槛在哪儿？

知识产品有一个交付效应：它的交付让购买者更多地反思自己，而不是反思生产者。因为，知识生产者的逻辑很简单：我把产品打造好，至于你怎么用，不是我操心的事。没有人有义务要手把手教你学习。

没错，学习现在就变成了自己的事。

知识交付绕不开一个自我学习门槛——知识转化的门槛。如果购买知识产品后，能不经过这道门槛，将知识直接倒进人的大脑，那么知识就真成了可以被金钱购买的。现实情况显然不是这样，正是因为这道门槛的存在，让知识生产者和分销商有了一个天然的交付瓶颈。

厉害的生产商生产的知识产品会尽可能满足学习的低门槛的需求，同时又得有交付感。然而，你的学习门槛在什么水平，他们怎么知道？

每一学习者对待所要购买的知识产品时，都会面临这种学习门槛相匹配的问题。如果你的门槛太高，就会感觉学习起来吃力。如果门槛太低，就会感觉这些知识太容易，没兴趣。

所以，无法合理评估自己学习能力、定位自己学习门槛的人，在购买知识产品时，又是一轮盲目的行为。

很多知识产品在发布时会清晰地写着适用人群。并不是所有的知识产品都是适合你的，知识本身和知识产品不是一回事。

你的时间成本

所有的知识产品都有一个时间成本。你花钱购买它的服务，而它却在“购买”你的时间。

没错，你花的时间和你花的钱是两回事。

面对知识产品，你很可能享受不到花钱的乐趣，却能享受花时间的乐趣。很少看到有人在朋友圈秀购买某某知识付费产品的截图，大概害怕没法兑现时间的付出而抑制住短暂的花钱优越感吧！可是，如果投入时间学习某个产品，那么他们是很愿意分享到朋友圈的。

比如，很多知识产品的运营方会推出“毕业勋章”，给学完课程的学员们虚拟认证。很多学员就会秀出来，你觉得他们是在秀智商吗？他们是秀时间付出。

时间成本才是知识产品最大的付出。

当你想购买某个知识产品时，要想到你将会为此付出的时间成本。面对一个充满交付感的知识产品，你投入的时间越多，越有可能发掘出它的价值。你得花时间，让知识通过你那道学习门槛，只有转化的知识对你来说才是有价值的。

一本电子书，一套学习教程，你打开它，首先看到的是钱还是你要为此付出的时间成本？

2017 年初，朋友想送我一档订阅专栏作为礼物。送之前，他问我：我想送你一个礼物，可是需要每天占用你 5 分钟时间，这样好不好？

有什么礼物是送给别人却需要占用对方时间的？就是这类知识付费产品。和它交换的不是金钱，而是时间！

你愿意拿时间来交换吗？如果愿意，那就接受这份礼物吧。我花钱买你学习的时间，真是高尚的礼品。这类礼品真是知识内容付费市场的一项创造性的发明。

正确打开方式

说了这么多，什么样的方式才是知识产品正确的打开方式？

成熟的行为一定来自成熟的认知。消化上述认知后，你在面对知识产品诱惑时，不妨遵循这一套问询过程：

这本质上是一个商品，我认识到了吗？

我的学习门槛和它匹配吗？

它值得我投入多少时间成本去交换？

最后，我的时间花销值得先奉上这笔钱吗？

是的，值得，买！

不，不值，寻找替代产品。

没有什么是不可替代的，哪怕是知识。

现在，你还会抱怨自己交“智商税”吗？

知识增量时代，和 5 倍速赛跑，你会赢吗？

不知不觉中，在学习清单里收藏的专栏多了很多，听音频成了吸收知识的习惯方式。

比之于读文章，听音频显然是一种心流，只要不按暂停键，我就可以持续地听下去。一个音频接着一个音频，知识像流水一样往大脑里灌输。

有一天我忽然意识到音频是可以按倍速播放的，于是从打开倍速阀门那一刻开始，再也回不到正常的语速了。

大脑对倍速的适应能力超越了我的想象。我从 1 倍速到 1.5 倍速，非常容易适应。而后尝试 2 倍速，开始时明显感觉有点吃力，可是听了不多久，好像也能接受。后来开始拖到 2.5 倍速，感觉似乎到极限了。

得到 APP 创始人罗振宇从乌镇互联网大会回来后，在得到例会直播上谈心得，忽然爆料说，百词斩的 CEO 是用 5 倍速在听书。

5 倍速，天呐，这是一个量级的词汇。当我听到这个词时，惊讶于世界上竟然存在这样的人。

于是我也尝试让音频拨动到 3 倍速、4 倍速。得到 APP 只支持 3 倍速，MX Player 播放器的极限是 4 倍速。我用 4 倍速啃了 10 多本书的音频，的确对大脑的专注度带来了很大的挑战。一开始什么也听不清，后来慢慢能听出一些通俗的词语，再后来能分辨出一些连贯的句子。

大脑竟然奇迹般地适应了 4 倍速的播放。适应，就是表示我可以在 4 倍速的情况下轻松听懂一本书的内容。

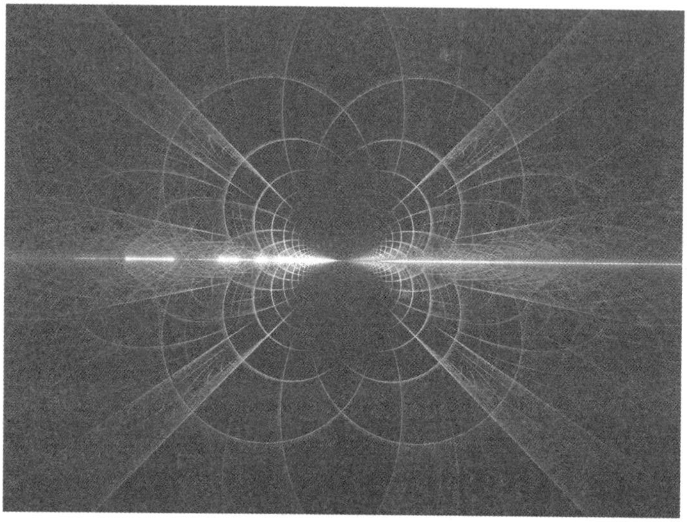

光速阅读

倍速播放后的体验

不过，倍速播放留给大脑的思考时间是远远不够用的，可这并不影响我顺利听懂。这样是否有意义？

如果正常听完一本书是 20 分钟，4 倍速条件下我可以 5 分钟听完全书。那么同样用 20 分钟，我可以把同一本书听 4 遍。问题是，你认为 20 分钟听一本书时吸收和记忆得更高效，还是 20 分钟把一本书听 4 遍后吸收和记忆得更高效？

重复才是记忆的最佳策略，在听书策略上也不例外。而我是在知道极限的概念后，才意识到有如此倍速的策略。

我用其他播放软件尝试过 5 倍速播放，发现短时间内我很难提升了。而且 5 倍速条件下，音频明显会跳过很多内容，这是因为音频快速播放后在技术上必然导致信息损失。

我还意识到一个有趣的事实，当我把知识音频看得不那么值得敬畏时，在 5 倍速的背景下依然可以学到主要知识精华。然后继续提高，用 6 倍速、7 倍速尝试，还是能吃到一点，但是效率开始大打折扣。

在 4 倍速下，可以连贯接收音频所有内容，5 倍速之后就会开始有信息接收损失。人的大脑竟然也如同一个信号接收器，在处理这些音频信息。当信息处于连续传递状态时，大脑会适应这种连续传递的节奏，吸收和传递可以慢慢达到同步。

我们用眼睛看书时，是不连续的信息传递。看完一个篇章，很可能大脑会回忆一下刚看过的东西，试图消化吸收，而后继续看下面的内容，接受信息和吸收信息处于一个非常延迟的状态。而在听书模式下，音频信息是一个连续的传递状态，大脑从接收到吸收过程中的延迟是被大大压缩的。如果延迟太多，就很难听懂音频的内容。

在 3 倍速模式下，我在听到一段文字后，基本上马上能获得整段文字的精要内容，并且已经开始准备接收下一段的信息。

而在 4 倍速下，只能做到刚刚吸收，但无法产生准备接收下一段信息的意念。在这个倍速下，信息接收和信息吸收达到同步，连续的信息传递推着我进行连续的信息吸收。

当然，这种能同步的效果是训练后的结果。一开始高倍速下听完一本书时也是云遮雾绕，不知道刚才都听了些什么。

挑战5倍速的体验

对我来说，似乎4倍速已经是极限。我是否还有必要挑战5倍速呢？

前面说过，5倍速会导致信息传递损失，那么接收和吸收时必然在损失的基础上再损失一些信息。这样效果还会好吗？

可是挑战之后，我又发现了一个惊喜。

当我全神贯注地用5倍速听书时，大脑可以根据我的本能兴趣，敏感地自动捕捉信息的接收点。也就是说，大脑可以自动选择性地处理信息：决定哪些接收，哪些忽视。于是一本书在如此倍速下，完全由大脑来掌握吸收什么精要信息。这个过程是源于此前对信息吸收的训练。

又回到那个老生常谈的疑惑了，如此学习知识，有意义吗？

在当下知识爆炸的时代，我们常规接受知识的手段其实已经无法满足需求。无论是看书还是正常速度听书，都只是1:1地接受知识。现在的技术手段可以让我们5:1地接受知识，为何不去拥抱这种变化？

这算不算技术变革必然导致的人类进化？暂无须推到自然选择，其实我发现：倍速播放的前提，就是放下对知识的敬畏心理。那些死的知识都不是知识，只是一些信息的存储和堆砌。只有用活的知识才是知识，才是我们得以生存发展和进步的粮食。

不要刻意追逐倍速播放

当大脑适应倍速播放后，适应程度有时候真是不可逆的。比如，让我再回到2倍速或者3倍速，我会感觉信息密度不够，听得有些乏味。

有时候因为某些平台技术的滞后，只能选择 1 倍速播放，我会失去耐心，甚至还会想用各种技术手段强迫平台支持我的倍速需求。

后来我听一些现场讲座也感觉信息密度不够了。一些演讲者习惯用慢悠悠的语速，让我感觉像被他强制扼杀时间。有时候听朋友面对面交流，也会失去耐心，恨不得有一种播放键能让时间“倍速起来”。这种追逐倍速的体验，就表现得有点过了。

并不是所有的音频都能在倍速下享受的，比如，倍速后的音乐就像一张受潮的磁带，听上去真是一种折磨。音乐必须控制在正常速率下，慢慢欣赏。

当我把倍速音频公开播放时，身边的朋友会觉得那是一种毫无意义的噪音，尽管我自得其乐。但是由于信息高度集中，也失去那种有背景音陪伴的乐趣了。

每个人其实都有自己适应的倍速习惯，听到并吸收知识才是最重要的。享受你所能吸收的知识，付出你可以承受的时间成本，这一切都需要从体验和行动开始。

平衡你的倍速习惯和你所投入的时间成本，将是你对知识吸收的一次崭新体验。

为什么要开始持续更新文章？

写作，让精神愉悦

博客时代，我写过五年博客。

微博时代，又写了三年微博。

微信时代，我却迟迟没有开公众号，错过了公众号的红利期。

等我开始意识到要写公众号时，知识付费的声浪已经吹过几轮。

有人说，如果写作是一种习惯，怎么忽然就忘了呢？写作肯定不是习惯那么简单。对它的认知不够，便很难坚持，更谈不上持续更新。毕竟，你写的东西，很少有人会看。

我中断了很久的写作习惯，突然捡了起来，是因为有了落后的恐慌。在我关注的人群里，那些忙于写作的人，成长进步的速度让人吃惊。互联网时代的连接性让他们的进步可以成倍地放大。

比如，我看到一个刚入职的小姑娘，实习期总被领导安排琐碎的资料整理工作。这些枯燥的资料在她的手上变成了鲜活的写作素材。有时她还会打包整理，进行分类，写一篇文章进行所谓的公众号运营活动。她的文章越来越会捕捉热点，越来越有深度。后来，她有了自己的小密圈，付费的。

有很多人，玩了那么多年的微信，却不知道小密圈是什么。

我看到一个女生总爱写情感类的文章，酸酸的那种，和我当年写博客时的味道一样。有一天她忽然从情绪的宣泄者变成情绪的引导者。她的文章角度从“我”变成“你”，语言变得犀利，依然率真却更加细腻。后来她给粉丝做了一场直播，接着又被邀请做了几场活动，然后活动火了，粉丝数飙升。她的情感文章开始时不时成为爆款。而知识付费时代，爆款文意味着巨大的流量变现。

我听了一场小众知识分享。一个青涩的男生讲述道：我学生时代做了三年某 PPT 论坛版主，而现在，我靠给人修改 PPT 为生。我去关注了他的微信公众号。他每天都在做干货满满的 PPT 知识分享，而这些都是免费的。他过得潇洒吗？是的，他的朋友圈每天都在秀各种有格调的生活。他说：“我晚上苦兮兮地写作，白天苦兮兮地改 PPT，而你们看到的，是我有格调的情趣和态度。”

我还关注到一个 48 岁的“伪大叔”在简书上如此写道：“你们笑我这把年纪还在每天写作很傻，殊不知我还可以年轻，我开始积累的训练你们看不到。”

我被他们感染了，开始重拾写作。然而，这一次不仅仅是为了写作。

为了刷新对写作的原始认知，我开始读一些关于写作的帖子，开始学一些牛人的写作课。牛人们告诉我很多写作的秘诀。譬如，公众号写作绝不是只写内容那么简单，有些爆款文远不是只关注内容本身。

他们还说，写作本质上就是在经营个人品牌。我读的套路越多，越能清晰地分辨每篇文章的属性和定位，后来又开始尝试捕捉文章背后的动机。

我开始明白，我所看到的一切文章背后，其实只有一个词：运营。

写作被贴上一系列成长行为标签。如李笑来所言："持续写作可能是锻炼学习能力、思考能力、分析能力、沟通能力的最直接、最低成本的方式。"

然而，写作远不仅如此。写作时，还要运营好自己。

对于一些专栏作家，写作是一种输出的任务，他们准备素材，然后输出素材。写作甚至可以变成一件积累和测试的工作。比如，美国早期独立运动先驱本杰明·富兰克林通过模仿《观察家》来写作，不断揣摩和研读前人的作品，成为美国最受尊重的作家。他的《穷查理智慧书》和后来的自传都成为美国文学中的经典。

经过训练，可以获得和天才一样的表现。而莫扎特的天赋也是训练的结果。

——埃里克森《刻意练习》

写作是一种技能，就像肌肉一样。而技能是为了生活，就像肌肉是为了健康（美）。

普通人写作时没有专栏作家们的驱动力，没有那些光环效应所带来的粉丝阅读量，而运营的本质不变。倘若不清楚写作是为运营服务的，就搞不清这些刻意练习有什么意义，持续更新将很难进行。

练习写作对很多行业来说，恐怕并不是那么必要。去参加演讲、辩论、峰会论坛、沙龙是不是比写作来得实在？

写作的时间成本也很大，大脑聚焦，思考文章布局，开始行文，编辑修改，最后发布。我测试过，写一篇用心的文章，三个小时很快就过去了，而且用的是整块的时间。在这个碎片化时代里，用整块时间是多么奢侈。

所谓的低成本方式，如果只是为了强调刻意练习，那么恐怕有比写作的时间成本更低、更高效的事情去做，如反复听一本电子书。

《刻意练习》一书中还提到：只有有目的的训练，那种让我们专注的，及时获得反馈的，不断确定目标而且跳出舒适区的训练，才能让我们快速进步。

自媒体写作对很多人来说很难获得反馈，因为真的没人看。你分享的文章，和那些带着光环属性的牛人的文章，已然在两个世界。动不动10万+的反馈，还是想想算了。如果哪天你也有了光环，那些如今无人问津的文章或许就成了爆款文。

有很多人热衷写作，一般人写个一篇两篇不难，或者偶尔写写，有灵感了写一写，然而他们做不到持续更新。很多人感叹，哪有那么多的东西可写呢？却不曾明白，写作并不是为了写作，更不是为了刻意练习。

那是为了什么？为了运营，为了连接一切。

运营的背后是运营思维。运营思维需要把你的写作变成一种动态的行为，随时可能和其他行为及世界动态连接起来。包括从内向外的连接：把自己的思想、判断、主见、动机通过写作的方式和世界连通起来。从外向内的连接：将外界的动态、技术发展、思潮通过写作的方式让自己内化感知，认知升级。协同连接：通过写作行为将身外的人、事、物形成个人属性圈层级的连接。

有了运营思维，你收集素材的过程不再仅仅为了写作服务，因为积累素材的过程就是连接的过程，敏感的捕捉素材就是为了强化连接。你的大脑涉猎信息，然后通过写作行为（还可以有语音、小视频、演讲、课程）来输出，就是为了让涉猎的信息和外界再次发生碰撞，但是这种碰撞就带有你个人的属性。

运营是一个持续的、动态的效应。在互联网时代，各种连接互动都会带来运营结构的飞跃。

比如，那个女生从写作到直播再到写作的过程，就造就了运营中的爆款文。倘若她只是把写作作为一个单个行为，怎么能想到直播所带来的连接效应？

那个分享 PPT 干货的男生，如果只是为了晒优越感，又与写作有什么关系，仅仅是为了分享 PPT 干货？他在通过写作运营自己的生态圈。而生态圈不仅仅是微信圈里的存量，比如他可以通过参加小众分享会让更多的人融入他打造的生态圈。

写作还是简单的写作吗？

写作变成运营的一部分，让各种连接成为一种可能，而后聚合成一种生态。保持文章持续更新，就是为了保持持续的连接。

写作的确让你和世界的连接变得容易很多。毕竟文字是最方便、最高效的传播工具。让写作行为持续，就是让个人化的运营可以更流畅、更高效地进行。

运营自己，更新自己，这就是写作的本质。

你行动了吗？

不要熬夜赶稿了，快逃出输出低效的泥潭

我身边有很多从事新媒体编辑工作的朋友，他们很重视自己的文字。领导说让删几段字，他就会表现得很委屈，对自己文字很珍爱，让我总觉得他像生活在20世纪的人类。

高级文字服务者的量级突破

我身边的一个媒体大咖经常要给政府做相应的产业研究报告，可是动辄两万字都得由他亲自来写，于是就得白天对接政府官员，晚上通宵写稿，这样的工作节奏持续了很久。后来他筹办了自己的工作室，可是他认为新招募的员工能力都无法满足他设定的产出标准，于是文稿还是得他亲自写。

文字代表了他对产业的思考，传递了他的思想价值，他对文字非常敏感和珍爱。

不过后来，他开始借助谈话记录。比如，和某媒体高层的交流内容，用谈话录音或者谈话笔记的方式就可以呈现。这样输出的效率提高了，大众也能接受这种谈话稿，润色以后，也出了不少个人的畅销书。

但是深度的整理还是需要用文字。既然用文字，必然少不了“写”

这一步。文字的输出注定要投入时间，这必然需要付出大量的时间和体力。

为何这位媒体大咖无法把这项工作交给他的员工呢？

这是文字输出的自然属性，这种行为无法让其他人代劳。大脑思维和手指输出需要同一个人来完成，但也有可能是由于他不善于带团队。

受制于文字泥潭的人不在少数，因为思维受限，所以这些人迟迟走不出泥潭。那么，该如何走出这个泥潭呢？首先需要了解“职业量级”这个概念。

不同量级的人差异很大。比如，你一直是一个出色的撰稿人，可以用大量的文字来拼凑出作品。后来，你写得越来越多，但这种文字拼凑的本质无法改变。你的功劳就是靠你文字的多少来衡量的。后来你意识到，你的文字还能体现你的思考价值，这种无形的价值是无法单纯靠文字多少来衡量的。于是你需要尝试，试着用别的方法来将这种价值抽离出来。

这就是在职场上提高量级的需求了。量级转化需要不断地学习，转变自己的角色。

吴军讲过一个例子。他碰到一个在国内做培训的金牌讲师。这位讲师对商业有独到的见解，而且人脉很广，能够找到很多同样好的业界人士为他站台。但是在过去的五年里，他的业务没有任何发展，虽然这期间他非常努力，还脱产到国外进修了一年，对新的商业和技术发展了解得很透彻，但生意却做不大。

核心原因是什么呢？量级一直没有升上去。

这位办学的金牌讲师只是一直精进自己的业务，却没有思考如何去当一个校长，如何提升其他讲师的知名度，办好教学。新东方教育集团董事长俞敏洪当年也是金牌讲师，但是如果他还是俞老师，课讲得再好，也只是挣了一份辛苦钱。但是俞敏洪成功地从俞老师转型成了俞校长，这个情况就不同了，有了量级上的突破。

回到那位媒体大咖做产业报告的事上，他同样没有思考量级上的突破。一直只是精自己文字的积累，无法做到让其他社员替他完成文字服务。

一篇两万字的产业研究报告，核心的框架和构思搭建好后，剩下的就是让其他人提供素材佐证他的判断。文字的细化工作完全可以交给其他人来完成。研究报告中涉及大量的数据分析，其数据模型的建立源于报告总设计师的宏观把控。如果这位设计师不把自己抽离到这样一个宏观高度，那么他就只能做一个高级文字服务者了。

初级文字服务者的技术突破

我还碰到过一些初入职场的文字服务者，其实他们也可以做自己文字的设计师。

文字服务者最需要解决的就是文字产出的快速和高效。保质、保量是对这类文字服务的要求。那么多的采访稿、采编稿，如何有效压缩这个文字服务时间呢？

服务时间是很难压缩的，但是可以在技术上弥补不足。

学会盲打

有很多文字工作者不会盲打，打字速度还停留在初级阶段。无论你的思维多么活跃，素材库多么庞大，如果在打字技术上没有做到标准化的输出，那么在输出效率上一定非常受限制。比如，一个文员正常盲打速度为每分钟120个字，可不会盲打的人每分钟只能打60到70个字。这种技术性的落差会让一篇本来可以一个小时完成的文稿需要拖两个小时完成。

大脑的思考速度是远远超越手指输出速度的，当所思所想能即刻转化为所见所得时，会带来更多惊喜。然而，很多人不愿意承认这种技术层面的短板拖累了他们的输出效率，大概是因为他们从来没有体验过其中的乐趣。真是没有对比没有伤害。

学会碎片化输出策略

另一个技术性的短板，就是很多文字输出者没有学会时间碎片化处理的规律。大部分人在输出一篇文章时，倾向于留出一整块的时间，让大脑沉浸其中，以期获得最佳状态，灵感迸发，一气呵成。

不过，这种输出办法已经不吃香。因为这个时代信息量太大了，你刚储备好的话题很可能在下一秒就被另一个热点颠覆了。你为此精心准备的话题提纲，可能在某一个地方已经被人做成付费课程。快速输出是这个时代文字服务者需要突破的关键。

如何突破呢?

用碎片化的时间输出完整的作品。比如，一篇稿子从构思到出稿大概需要三个小时。你坐在那里冥思苦想了两个小时，其实最终只有一个小时在做具体的写作工作。如果我们将这个时间碎片化，比如，在一整天的时间里，你有大量的零碎时间，等餐时、会议间隙期、坐车路上，等等，用这些零碎的时间来充填你的稿子，而不是漫无目的地翻手机、翻朋友圈。你会发现，完成一篇稿子也只需一个小时，只是这一个小时都是碎片化的时间积累。

那么，你本来需要冥思苦想的两个小时去哪儿了？

这两个小时本来就是你人为逼迫出来的，你奢侈地让整块时间被无意义地浪费。

那么，整块时间适合做什么呢？适合去吸收信息，将大脑只当成一个存储硬盘，把大量可能用到的素材和数据狠狠塞进去。至于这些素材和数据如何转化成稿子，这不是靠整块时间去思考的。这是你在碎片化时间做文字输出时，大脑自然会去思考的。

大脑的灵感很大程度上来源于环境刺激，而碎片化时间可以带来更多灵感刺激点。

碎片化时间输出的另一个技术性的提升，就是你可以做到同时保证好几篇稿子的输出。

比如，很多人发现，一天费尽心思写完一篇稿件后，很难有心思再去构想下一篇。而碎片化策略则是你同时开工好几篇稿子，在碎片化时间里根据心情随机地安排处理，从而不断推动手上的文字任务到达交付的终点。

小结

最后小结一下，将文字工作者定义为文字服务者，是因为文字的输出过程需要时间，而这类工作和我们通常理解的服务业一样，时间成本很难压缩。然而，文字服务者之间又有所区别。高级文字服务者可以在量级上寻求突破，通过转化角色，不断学习，通过团队的合力来达成高效的文字服务效果。初级文字服务者则需要多在技术上下功夫：学会盲打可以让输出的时间更快；学会碎片化输出策略可以让输出更灵活，从而提高输出效率。

依赖工具不可耻，可耻的是没想到使用工具

人类与动物的区别之一：工具的使用

工具的使用是区分人类和动物的关键。哲学家恩格斯在《自然辩证法》中坚定地谈到工具的价值："工具的制造和使用只有在人类的劳动过程中才是一个固有的、不可或缺的、稳定的因素，因而构成了与其他动物区别的本质特征。"

后来人们发现，很多哺乳类、鸟类和鱼类动物可以创造和使用工具，甚至传承这项技能。

比如，2006 年德国的马克斯·普朗克进化人类学研究所通过隐蔽摄像机捕捉到大猩猩会用小木棍挑食蚂蚁。2010 年 1 月 17 日，牛津大学

研究人员发表公报，他们用摄像机对野生乌鸦进行了长达 1800 小时的拍摄后发现，野生乌鸦会用树枝从树洞里“钓”出甲虫的幼虫。

美国艾奥瓦州得梅因大猿信托的科学家们研究发现，黑猩猩茨兹不但能够熟练地使用烤架和烤叉等工具，甚至能够自己使用火柴生火。它能收集适合生火的树枝，折成小段，并小心地堆砌成一个柴火堆，然后娴熟地点燃一根火柴生起火来。茨兹甚至会在篝火上放个锅煮点东西吃。当研究人员让它用水把火灭掉时，它会小心翼翼地把水倒在火焰上，直到火苗全部熄灭。

制作和使用工具似乎不再是人类的专利。已经无法用工具来对人和动物进行本质区别。然而无法否认，人对工具的使用频次、深度远胜于任何一个物种。

不夸张地说，大约在五万年前，人类就是凭借着工具改造世界，驱逐和灭绝一些更强壮的动物，一步步开始统治地球。也是通过一系列的工具，开始各种技术革命，人类社会才发生了翻天覆地的变化。经过战争和重建，毁灭和重生，如今人类对工具已产生了重度依赖。

比如，移动互联时代诞生的手机以及未来智能时代将要诞生的人工智能机器人。

对工具的依赖一点也不可耻，这正是人能适应新环境、保持聪明和强大的原因。

现如今，人们可以借用的工具可谓层出不穷，无处不在。可有一种现象很奇怪，工具就在那儿，人们总是视而不见。

如商业世界里的各种战略分析工具：MECE 分析法、波特物理模型、波士顿矩阵、SCQA 架构……

没听过？

那知道百度、谷歌等搜索工具吗？人生 80% 的问题，早就被人回答过。还有数不清的问答平台。

《荀子 · 劝学》中有这么一句话：“君子生非异也，善假于物也。”百度百科对它的白话文解释是：君子的资质与一般人没有什么区别，君子之所以高于一般人，是因为他善于利用外物。

善于利用工具，是获得成功的一个重要途径。

常听到一些爱读书的人说，习惯了纸质书，不爱读电子书。大概他们没体会到电子书这个可以精确检索的工具带来的惊喜。有一些人喜欢默默逐行逐字啃书，认为慢慢地读书才有感觉，才能吸收书中更多营养。可是，早就有人发明了快速拆书的工具，让你几分钟就能迅速拆解一本书的精华。后来拆书工具又升级了，搞成了一些书籍转述类的知识产品。善用这个产品的人，可以更快更广地扩展自己的知识边界。

罗振宇在深圳卫视《002 号知识产品发布会》上分享了《盗火》这本书，提到一个叫作“出神”的技术，这个技术能够让人随时随地地进入心流。利用这项技术，硅谷、海豹突击队和疯狂工作家给我们的工作和生活带来一场革命。如学习一门外语，一个智力正常的人即使很勤奋，也需要六个月。谷歌公司的员工利用这项技术，可以把学习一门外语的时间缩减到六个星期。

然而，即便这个工具被扔到身边，依然有人不会用它。或许，社会发展中，工具越高级越不容易识别，它不像一把斧头那样具体形象。有些工具还需要去学习一段时间后才能驾驭。

工具越变越高级，越变越抽象，也成为新时代“善假于物”的门槛。

人类历史上有一个普遍的规律，任何一种工具的诞生一定会把人类

切成两半。有的人靠这个东西继续一路狂奔，有的人留在原地，根本就不知道自己是怎么被落下的。

——罗振宇

要么不知道还有这个工具，要么知道了也懒得尝试。前者是无知的后果，后者就是选择上的悲哀。我不是要教你用什么工具，而是要告诉你，别忘了还有工具可用。

面对知识过剩和营养过剩，我开出的独家处方

有一次在自选餐厅里，朋友见我盘子里的食物就一丁点，好奇地问：怎么就这么一点呢？

我说，我好久没有饥饿感了，少吃一点，等找回饥饿感了再吃。

朋友一愣。没有饥饿感，这真是一个有点怪异的回答。

轻度饥饿感

一日三餐，到点吃饭。上顿吃得太饱，下顿到点还得吃。似乎没有等肚子感到饥饿，而是到了某个时刻，必须吃上那么一顿才行。这种日子习惯后，我忽然意识到好久没有过饥饿感了。

这真是一种怪异的体验。

如果不再饥饿，意味着营养持续过剩。每顿都在过剩地积累，如果不消耗，变胖就是必然趋势。

遗憾的是，胖在这个时代并不是一个好趋势。

对身体来说，需要追求营养均衡。如何找到那个均衡线呢？轻度饥饿感便是这个均衡线。

过犹不及，过度饥饿会伤胃，也会造成低血糖，使人全身冒汗，身

体发虚。

当温饱问题不再是首要谋家计问题，我们跨越到一个营养过剩的时代，需要向下求均衡，于是就有了追求轻度饥饿感的必要。轻食，渐渐成了一种风潮。

知识过剩

知识过剩时代，我们需要轻度饥饿感

前不久和朋友在饭桌上聊天，听他感叹，我们正处于一个知识过剩的时代，且不说那些上学的孩子为升学焦虑，成年人的知识焦虑感也越来越强烈。

他说的是一种学习者的共识。尤其知识付费时代，知识的生产越来越快，也越来越泛化。知识正被各种包装，各种宣泄。市场上涌现了大量的知识产品，让人眼花缭乱，应接不暇。而人对知识的学习，学得越多，越想学得更多。

我们拿这个知识过剩的体验和上面营养过剩的体验相对比，是截然相反的。知识过剩状态下，知识吸收得越多，越会感到饥饿，于是想学得更多。学得更多，饥饿感会更强烈。而知识对个人来说，简直就是无穷无尽的。如此循环下去，就达到了知识重度饥饿的状态。

重度饥饿，就产生了对知识的焦虑感。过犹不及，如此焦虑，反而破坏了对知识的合理吸收，导致各种“消化不良”的反应，如对知识产品的敏感、抵触、恐惧、麻痹、不信任。

对大脑来说，需要追求知识均衡。如何找到那个均值线呢？同样也需要轻度饥饿感。

身体营养过剩，就要控制食量，有意识地少吃。人的本能是会多吃，于是少吃是一种反本能的行为。但也不能吃得太少，这样会加重饥饿感，适得其反。

对待大脑知识过剩，要控制学习行为，有意识地少学。有趣的是，人的本能就是少学，于是少学似乎是一种正常的行为。既然如此，那岂不是遵从本能就好？

然而，人类有一种天然的本能：好奇心。

好奇心和快感

人天生好奇。知识能充分满足人的好奇心。将知识封装在盒子里，就变出了一个潘多拉盒子，当你一不小心打开一个盒子后，就会忍不住好奇打开第二个。

误踏入一个新领域，克制住好奇心，做到第一个盒子都不想打开，这是一种反本能的行为。

我们用知识产品举例吧，知识被知识生产商们精心包装后，会特别吸引你，比如，“标题党”就是为了唤起你的好奇心。而人的天性就是好奇的，这类知识切中了这条本能需求，解决的都是相对容易解决的问题，而且解释得清楚明白，让你听完有豁然开朗的感觉，多巴胺分泌，然后成瘾。

人生来就有好奇心，但我们不是天生的杰出思想者。除非认知环境符合一定的要求，否则我会尽可能地避免思考。

——《为什么学生不喜欢上学》，丹尼尔·T. 威林厄姆

锻炼和学以致用

刻意少吃或者少学后会达到一种轻度饥饿感状态，也就是达到了营养均衡、知识均衡的状态。

这是比较省力的，但是其均值标准必然就会低很多。让均值处在一个高水平状态，那就需要采取主动策略。

营养过剩时，两顿饭之间就要通过刻意消耗的方式来达到营养均衡，好锻炼身体。通过锻炼，让多余的营养合理地消耗掉，或者转化成优质的蛋白质。

过剩的营养转化，便是营养均值升级的标志。人体的基础代谢＝体表面积 × 基础代谢率（BMR） × 每天醒着的时间。肌肉越多，体表面积越大，消耗热量越高。即使人不动时，肌肉本身也会消耗大量热量。于是，当营养转化成更优质的肌肉后，营养均值线就在不断升高，身体更健康，

也更有抵抗力。

那么，知识过剩的主动策略是什么呢？

主动消化学到的知识，让其快速内化成自己的元知识。这个过程需要对大脑进行锻炼，而大脑的最佳锻炼方式就是学以致用、知行合一。

别把输入式学习当信条，你需要换一种思路了

你是一个终身学习的信仰者，打开一本书，期待享用一顿知识盛宴。果不其然，书中的观点让你脑洞大开，自认为自己的大脑系统又得到了一次升级，于是满怀欣喜地开始读下一本书。一本接一本地读，不断地满足大脑对新知识的好奇和探求欲望，随之出现了所谓的知识焦虑感。可是，某一天当你打算好好写一篇文章时，却感觉大脑的知识存量依然不够。你感叹书到用时方恨少，于是拼命地再去学习，最后依然无法写出一篇自己满意的文章，或者无法持续地产出。你认为自己还是学习得不够，继续拼命学习，结果依然令人失望。

这种情况加重了你的知识焦虑感，你应该把书放下，出去走走，换一下思维，想一想你的学习模式是否出了问题。

你应该进行输出式的学习，而不是学习式的输出

大部分人在小学到大学的学习过程中，被动接受了一种填鸭式的学习模式，并认为这样才是标准的、高效的。当离开校园进入社会，面对浩瀚的知识海洋时却发现，这种传统的学习模式已经无法适应新形势下的学习需求，因为此时的学习早已从满足教育系统设定的教学要求过渡

到以实现自我价值的提升为目的。

学习的本质在于追求知识、转化知识到创造知识。如果只注重求知，就意识不到输出的重要性。学习的输入和输出如同某些生物功能，用则进废则退。在常规的输入型学习模式中，反复训练的只是输入功能，自然欠缺输出能力。

输出式学习

转换新的学习模式，就是要进行以应用输出为主的学习模式，不断训练我们知识输出的能力。知识存量一定是有限的，为了满足持续知识输出的需要，必然要持续地学习。但学习是有方向性的，是为你预选的知识输出服务的。比如，你想对一些事情有自己的看法，有更好的理解，或者你希望在某个点上有一些不一样的解读。为了找到一个让你满意的回答或者解读，就需要去查阅和获得一些有用的资源。这种资源包括人物访谈、讲座、书本及朋友间的闲聊。这个学习不再是一种被动的过程，而是主动地把学习资源转化成一种可供输出的过程，是再创作的过程。哪怕你只是想去看一本书，重点不在于你如何辛苦努力地啃完这本书，学到这本书所带给你的一些想法，而在于明白你需要输出什么。

输出式学习模式

当你拿到一本书时，首先需要简单地了解这本书，从扉页、目录到致谢，十几分钟时间就把这本书翻了一遍，大概了解作者的写作思路、思考脉络和文章框架。然后你需要合上书，开始启动输出式学习的思考过程。你首先需要提出一个问题，想想这个问题如何能够转化成一个可输出的成果，如一篇立意新颖的读后感，或者一篇可以写成知识普及性质的文章，又或者只是抛出一个启发更多人去思考的信息点。抱着这样一种资源提供方的输出者心态，你再去精读这本书，精读的过程将更有针对性，这个学习的过程也将更加高效。

以读书为例向知识学习领域推及开来看，这种学习模式即为一种以输出型为主导的认知过程。勤加练习，会发现这种模式将使你的学习脉络更加清晰，更富有成果性，也能更加有效地记录你的学习历程。

周末时光，你想做消费者还是生产者？

两年前的一个周末，我和朋友去感受了胡同里一家酒吧的氛围。穿过胡同，走过一个很小的长廊，酒吧门前有一个狭小的庭院，摆着三四张小桌。再往里走，过了门槛，就是酒吧里屋了。里屋摆着六七张小桌，房间不大，但看上去也并不拥挤。

晚上，胡同里很安静，八九点时，酒吧里也没有多少顾客，音乐声很轻柔。我们在门口的一个座位坐下来，环顾四周，酒吧里除吧台和不远处桌台有微弱灯光外，基本看不到桌边人的脸。

酒吧服务员告诉我们，再过一会儿，这里就要开始喧闹了。大概过了晚上 12 点，我开始用很大声音和朋友聊天。可能聊得太兴奋，等感觉喉咙有些疼时，才开始意识到周边环境的变化：音乐声明显变大，邻桌已经加了好几个板凳。往里屋看去，屋子里变得有些拥挤。朝门外看，庭院的桌边也坐满了人。

一个年轻的外国妈妈推着婴儿车，问我借道过一下。我看到婴儿睁着眼睛左顾右盼，显然还没有睡意。大概是要离开，我都不知道他们是什么时候进来的。

我和朋友面面相觑，这么晚了，都觉得不可思议。我们感叹了一通外国人和中国人带孩子的差别，又开始沉浸在其他话题里。

不知不觉，过了凌晨 1 点。酒吧的氛围依然那么热闹，走了一拨客人，又进来一拨。

小酒吧里没有厕所，上厕所得去胡同的公共厕所。从酒吧出来，感觉里边和外边完全是两个世界。胡同里静悄悄的，偶尔有行人路过，但明显感觉这个城市开始进入睡眠状态。然而，酒吧里的人好像正要开始生活。

经过酒吧的庭院时，这里的音乐声要明显小很多。大家说话的声音很轻，大概怕影响邻桌的交流。庭院里有一些寒冷，大家都穿着外套。我故意放慢脚步，在门口停留了片刻，想看看哪些人喜欢在庭院里。

我以为会是一些年轻人，就像我之前去的很多俱乐部那样。但这里不是，一些 30 多岁的人很轻声地交流着，很认真地分享着周末时光。

我把这个发现告诉朋友，他也走出去看了看。回来后他说，这个酒吧确实不一样，我们应该再喝一杯。

大概坐到凌晨 2 点，我们开始有些累了，准备离开。看看周围的热闹氛围，我们猜不透这些客人几点才会散去。

从酒吧出来，走到胡同里。此时的胡同完全安静下来，连我们的脚步声都显得有些刺耳，恍如从一个世界穿越到另一个世界一般。一路上惊奇为何有那么大的魔力，让我们在不知不觉中度过几个小时。

是酒精的魔力、音乐的渲染，还是精神主动放松的效果？

或许这些因素都有，但在我的回忆里，那时的环境特征却远远多于心情。这段回忆里大部分是环境记忆，而对心情却没有记忆，因为那一天的心情正常而愉快。

没有发生破坏性的情绪，记忆就会把它们忽视掉。

在环境记忆下，我作为消费者记录了一段周末时光的感受。而那一天，我和朋友讨论的最有深度的一个话题却是：周末时光，你想做消费者还是生产者？

当多数人选择成为消费者的时候，你有没有想过成为生产者？

你是想坐在门边享受酒吧提供的这种沉浸式的舒适氛围，还是更想成为这家酒吧的老板，提供这种氛围给大家呢？

前者是消费者思维，后者则是生产者思维。

如果喜欢前者，那么周末快乐时光的度过方式将是不断选择合适的酒吧，与投缘的朋友共享；若是喜欢后者，那么周末将是努力给大家打造美妙的空间，并传递这份美妙。

不过，大部分人习惯成为消费者。如果说消费会帮助有效的生产，那么从消费者到生产者的过渡到底有多难？

那一天和朋友探讨时，我深信，做一名生产者的乐趣会远胜于做一名消费者的乐趣。

当我真正开始做这篇文章分享时，更加深信不疑。

你呢？

第三章

重新定义职场，人生需要蜕变

岗位调整是千变万化、捉摸不定的，随市场飘摇。把追逐职级和薪水的提升放在首要位置上，就是刻意追求晋升的策略。若是打造自己核心竞争力，那你就具备了更多跳槽甚至跨界的筹码。

人生需要一场蜕变

职业理想，个人价值与社会价值的一场较量

一个事业单位工作的朋友做了十几年的行政事务性的工作。他厌倦了，想做点别的，可是又不知道做些什么。

我问他："你的职业生涯都有十几年了，怎么还不知道自己要做什么呢？"

"唉，一入职就干这个，谁知道一做就做了十几年呢？"

一开始我会帮他做一些职业规划，可是他从不行动。他的"不行动"反过来开始影响他的态度，他会为自己"不行动"找到更合理的解释。

果然，他找到了。他说："我们这种事业单位，熬资历好比挖金矿，再坚持一下就要挖到了，怎么能轻易离开呢？何况，我认为自己比身边的人更聪明，也挖得更努力。"于是，他开始享受这份"厌倦了"的工作。

心理学研究发现，态度往往不能决定行动，反而是行动有时候决定了态度。我看到大量的职场人士在自己的工作圈里寻找着各种舒适的理由。

人们总是为自己的懒惰寻找各种理由和借口，却不曾付诸行动，寻求改变。

难道是在等社会适应你？

“我这么渺小，当然是我去适应社会了。”你乖巧地回答。

“那你想怎么适应？”

“熟悉社会的运行规则，并按社会的规则办事。”

“然后呢？”

“然后在规则下，获得个人价值和社会价值的最大化。”

“如果个人价值和社会价值有矛盾了呢？”

“社会价值优先。”你得意地回答。

这种对话，除了秀智商，没有任何意义。

社会是什么？社会是共同生活的个体通过各种关系联系起来的集合，如为共同利益而形成的人与人的联盟。小到机构、大到国家等组织形式。

在职场中，某个公司的生态就是它特定的社会生态。某个行业生态就是这个行业特定的社会生态。

然而，社会可以是一个不断延展的概念，谁也无法代表社会。职场生态在不同行业、不同公司、不同部门间存在巨大差异。那些达成共性的职场规则，也只是在说相对宽泛的适用性。

所谓的社会价值其实非常抽象，捉摸不定。你在一个部门工作，可以把实现部门利润最大化作为实现社会价值的一种方式。如果你的部门只是为了其他部门服务的，那么你只有将自己的服务价值做到最优才是实现社会价值。可是部门价值还得在公司整体价值上考虑。比如，公司要在某个市场领域发力，其他部门就需要配合删减投资预算。

你是要实现部门价值还是要帮助实现公司价值？即便公司价值最大化，你可能还需要考虑行业趋势的整体价值（如果你已经到了行业战略层级的思考水平）。

可是，你的个人价值是非常具象的。你可以总结出很具体的自己在物质或精神上的价值体现。比如，薪水在同行的水平、工作的满足感、工作和生活的协调程度，等等。

用一个很具象的个人价值体系去匹配抽象的社会价值体系，有没有可以匹配的标准呢？在职场生态中，这条标准就是你的职业理想。

确定你的职业理想

职业理想是人们在职业上依据社会要求和个人条件，借想象而确立的奋斗目标，即个人渴望达到的职业境界。

一个人的职业理想会因时因地因事的不同而变化。随着年龄的增长、社会阅历的增强、知识水平的提高，职业理想会从朦胧变得清晰，从幻想变得理智，从波动变得稳定。因此，职业理想具有一定的发展性。有些人孩提时代想当一名科学家，长大后却成为一名教师，就说明了这一点。

职业理想最终会趋于稳定，有人会很早地确定下来，而有人似乎穷尽一生都还在寻找。

当职业理想被确定之后，在面对个人价值和社会价值的矛盾时，你就不会再无所适从。

那些早早就坚定了自己职业理想的人，早早就确定了职业目标，通往那个目标的时间就会更充足。如果努力程度和时间付出的多少成正比，那么这类人付出的努力就要多得多。然而，付出的代价也和时间成正比。

当你的个人价值和社会价值相矛盾时，代表社会价值的那群人就会试图攻击你的个人价值。

华为的狼性管理和加班文化由来已久，十年前当副总裁李玉琢因家庭原因向总裁任正非提出离职时，任正非的反应竟是“你为什么不离婚”。李玉琢在一篇文章里回忆了这段请辞的故事：

任正非又跟我谈了一通华为的未来发展以及他个人的想法，也评价了我的人品和工作：“我们对你的人品和能力是肯定的，你在华为还有许多工作可以做。”

讲了大约半个小时，我打断了他：“任总，非常感谢你谈了这么多，但是我不想拖累华为。另外，我爱人又不在身边，我已经七年单独在深圳。”

他说：“那你可以叫你爱人来深圳工作嘛！”

我说：“她来过深圳，待过几个月，不习惯，又回北京了。”

任正非立刻说：“这样的老婆你要她干什么？”

我说：“她跟了我 20 多年了，没犯什么错误，我没什么借口不要她。”

李玉琢事后感叹，很多人在进入华为之后，会潜移默化地接受这些文化，发展到为工作废寝忘食，以办公室为家，任正非本人就是这样。然而健康是第一位的，他认为不能再不管自己身体，除了工作，还得有家庭。于是，他下定决心，辞职回到北京，和家人团聚。

个人价值 PK 社会价值

李玉琢当时所面对的问题是，他的个人价值和任正非所代表的社会价值产生了矛盾。如果说华为这个故事有些极端，在很多公司的很多部门也会有类似情况发生。代表社会价值的那群人往往忽视你的职业理想，而直接攻击你的个人价值。

不要成为取悦者

面对这样的攻击，你会怎么办？很多人会选择妥协、迎合，然后成为一个取悦者。

网上流传过一则漫画，讲了一对夫妻骑驴的故事。他们试图去满足所有人的要求，可是无论怎么做，都会被笑话。

同样，在职场里你无法取悦所有人。你的同事、上司、下属，都会从不同的角度来看你、挑剔你、笑话你、嫉妒你。你会感到沮丧吗？如果会，你就陷入取悦他人的漩涡。

没有办法对别人说“不”的人，被称为“取悦者”。习惯性地取悦别人，其实是一种强迫行为，取悦者对人际关系有不正确的假设。例如，别人的需求、期望比我自己的需求重要，无论如何，我都不应该让别人感到失望或受挫。这种取悦倾向常给自己带来莫大的压力，严重的甚至会导致情绪失控、身心失调。

迎合他人看起来是一种代价最低的处理办法，实际上取悦者心理和生理的代价却更大，真是一件不值得的事情。

那么不迎合，你怎么办？举起你的职业理想，它是你免受攻击的防护盾牌。

一个人若是没有确定的航行目标，任何风向对他来说都不是顺风。

——蒙田

理想犹如信念，没有人有权利攻击它。除非你自己忽视了它的价值，主动放弃思考。

职业理想能给你带来什么？

它能指导并调整你的职业行为。当你在工作中偏离理想目标时，职业理想就会发挥纠正作用。尤其在碰到困难和阻力时，没有职业理想的支撑，你就会心灰意冷、丧失斗志。

职业理想源于现实又高于现实，它比现实更美好。为使美好的未来和宏伟的憧憬变成现实，你需要有坚忍不拔的毅力、顽强的拼搏精神和开拓创新的行动。

它能让你面对各种社会价值攻击时不被打倒。

在任何情况下，你都应该有一个长远且切实的职业理想，并且要做好捍卫它的准备。

职场转行的想和做：安于现状而不自知？

最怕你一生碌碌无为，还安慰自己平凡可贵

接到老同学的电话，他准备换行了。这件事他前后酝酿了三年，最近终于向领导摊牌。他在国企待了七八年，做到正科级别，作为单位的“项目大拿”，一直被寄予厚望，现在要放弃这一切了。

他是一个不甘心的人，不甘心在体制里这样混下去。我问他有什么打算，他说先辞职一年，埋头考一个“行业准入证”。我理解他中年换行的焦虑和痛苦，想通过考证突围。转行需要一块“敲门砖”，考证是一条入行的捷径。

我问他，为何不一边工作一边考证呢？他回答，单位琐事太多，复习时间没法保证，不破釜沉舟，就会一直无限地拖延下去。

是啊，他已经拖了三年，现在准备把自己逼入绝境。辞职一年，没有了收入，得靠自己前几年的积蓄过日子。他算过一笔账，一个月紧巴点过，自己的吃住日常开销，不到 3 万就可以挺过去。只不过家庭其他开支都压到他老婆身上，如小孩的教育投入、车险、房贷，等等。

为了自己的职业理想，他放弃承担这些了。有人会说，这是不负责任，说他是一个想吃软饭的男人。

他已经不再年轻，一个在国企成长起来的科长，如何不明白理性选择的道理？但他更明白，迟早要做个痛快的决定。那些质疑他“轻率”的人，大概没有真正面临转行的阵痛，或者已然习惯安于现状却不自知。

我之前有篇文章《不选择会不会是最好的安排？》从选择的角度谈过转行，这里我想从另一个角度谈谈转行。因为说到“安于现状却不自知”，在说老同学前，我想先分享一个身边不自知的例子。

前不久我和一个朋友聊起通过比特币发财的话题。朋友听我举了一些成功案例后，问他们中赚得最多的人赚了多少钱？

我说，有一个人，两年时间里赚了 300 来万吧。于是朋友质疑我，这个可以持续吗？如果不可持续，那么这笔暂时增长的财富可以在北京几环内买房子？

我哑口无言。

对于一个在北京有房子、车子，有稳定工作收入，生活安逸、时间自由的人来说，300 万的财富竟然没有诱惑！

这就是安于现状。

“如果是 3000 万呢？”

朋友说，“你别闹。”

“不过，如果这 3000 万不能越级提升我的生活品质，何必经受 3000

万的提心吊胆？”他补充道。

对财富不渴望？只是财富没有达到诱惑标准。就像一个月薪 3 万的人，每个月加薪 3000 元，他会不在意，觉得这 3000 元并不能改变什么。但如果一家猎头给他开出千万的年薪，他会不会动心？

这样对比是想说需求的相对性吗？不是。大部分人想到越级升级后的结果，却忽视了渐变过程的辛苦。

两年 300 万的财富，必然是几个月几个月熬出来的。其间各种起落颠簸，心理承受能力小的人早就被淘汰出局。

年薪千万，必然也是从年薪十万渐变的。其间或许有几十年停留在几十万年薪的煎熬。越级升级后还会带来个人膨胀，而后跌落，再稳定。

基于结果的心态和基于过程的心态是不同的。比如，这位朋友若想着 300 万买不起北京的房子，那么他会表现得无动于衷。可是他若是想到，这 300 万是从百、千、万、十万、百万慢慢升级起来的，那么他大概可以猜测每一个升级过程都会牵扯心理上的变化，升级之后眼界的开阔，信息的汇流，心态的变迁。

另外，这 300 万到手后和到手前，人对它的理解是不同的。到底有什么不同呢？你先赚到 300 万试试看，你还会觉得这个目标太远吗？

再回头看老同学转行的事，更能对比出他的不安于现状和大胆。你觉得他在乎结果吗？他盘算过一年的开支，考虑过他老婆的压力，还有外界的非议，可是他更愿意享受突破现有局面后的过程。

他不是对阶段性财富无动于衷的人，也不是满足现有财富的安于现状者。

他的行动，其实主动创造了自己的需求。把按部就班的安逸生活主动调整为焦虑和辛苦，甚至带有内心煎熬的生活，而之后必然会产生克服这些负面问题的需求出来。不破釜沉舟，职业计划就会一直被拖延。

一旦有需求，就会激发人付诸行动去满足需求。如果你习惯了常态的生活，不是因为你没有欲望，而是你还没有产生需求。

跳出舒适圈的背后，有需求动机；需求动机的背后，是对生活渐变的一种深刻体会。

你是安于现状而不自知的人吗?

以战略视角观察不同的行业维度

由于又一次的工作变动，我从一家偏传统的软件公司跳到一家纯互联网公司，于是有机会感受两类公司的战略差异。由于市场领域不同，市值会有天然差距。两家公司在各自领域都算占据霸主地位，自然在战略层面都会有所布局。由于目前两方市场暂没有太多重叠，所以无法判断孰优孰劣。不过感受到这种差异性，也让我对行业的观察多出一些新的维度来。

挑战者和保守派

互联网公司的战略具有宏观性、革命性，是一种挑战者的姿态。其所谓的战略，会表现得似乎不切实际，听上去云遮雾罩，让人摸不着头脑。这些挑战者描绘的战略方向有着很多新鲜的名词，给人一种智力上的轰炸感。尽管这些战略是否能够落地让人怀疑，但有趣的是，一浪一浪的资本会为这些挑战者买单。资本有时就是盲目的，成也资本，败也资本。

而偏传统的公司，一路都是踩着各种坑过来的，每走一步都更趋向于谨慎。他们对资本的浪潮也总是持怀疑态度。

年轻不识钱滋味，钱来了，全员热血沸腾，公司也被钱迷失了双眼。待到市场成熟，开始丢城弃池时，才明白钱多不是个好事。洪流之下，慌不择路，整个战略目标被冲击得七零八落，钱来得很快，走得也会很快，结果市场越丢越多，这是传统公司对资本的感叹。

兵团战和游击战

带兵打仗，成败兴衰在于上下齐心，上下不齐心就成不了大势。公司攻坚市场，谈战略，无外乎就是让全员上下思想统一起来。不过，越大的兵团战，战略演示越复杂。相比之下，小小的游击战就要简单很多。

无法被明白理解的战略会让团队显得迷茫，讲得越多，越容易迷失方向。可惜，有些战略家总喜欢把简单的事情说复杂，似乎不拿出这样的战略就彰显不了自己的高瞻远瞩、深谋远虑。

打兵团战或游击战时，核心战略一定要简单。比如，公司在做市场是靠拿项目一城一城地攻；还是靠产品突击，不在乎城池，只在乎要地。不能简单定义的战略，无论是在传统公司还是互联网公司，都是危险的。代价就是，总是要“死”一批人后，才能痛定思痛，再锤炼后上来的人。

收割者和低调派

我工作的前一家公司立足在很细分的市场领域，隐藏实力，悄无声息地创造着利润的神话。这个细分领域巨头根本没有留意，或者不屑去看。

此前，我一直在思考，这个领域有这么大的利润，为何那些有着超强实力（资本和人才实力）的公司不过来呢?

因为战略不同。

大公司在思考未来，小公司则立足当前。大公司是由资本堆积起来的，看中未来的战略，投资者更愿意为未来买单。而小公司或许没有投资人，更看中当前创造的利润，看中眼下能吃到的饭。在小公司看来，吃完这碗，或许就没有下一碗了。他们对市场的掠夺是带有一定破坏性的，不会有放养的心态。但是这样的破坏性又不能过于明显，需要低调行动。

大公司就有耐心得多，他们等市场孵化得足够大，再派兵团过来作业，一举收割。于是在某个利润市场空间里，不是大公司不来，而是这里还没有引起他们的兴趣。

大公司既然有放养的心态，就会喜欢搞声势，谈更大的愿景，谈更大的概念，这也就是战略层面要占据的要点。要是在战略层面都没有站准，那么本以为能圈养的一群肥羊会跑到另一块地盘上。

会不会存在一种行业，一家小公司偷偷做了十多年，等大公司意识到，为时已晚呢?

这也正是战略的价值。对于新型行业的爆炸式发展，大公司如果不能敏感地捕捉到，那么机会就可能被其他竞争公司先捕获到。要么败给时间，要么败给资本。

可是，对于小公司来说，无论如何也规避不了大公司的竞争。你要做大，就无法不和大公司发生正面竞争。遗憾的是，又有多少家企业能够在隐藏实力的发展中打造好自己的“护城河”呢?

分散者和匮乏派

领导层为什么要讲战略？一是全员统一思想的需要，二是占据收割要地的需要，三是资源缺乏带来的需求，这对执行者来说最关键的。

“中关村才女”梁宁在《产品思维30讲》里提到腾讯公司董事会主席兼首席执行官马化腾的故事。她感叹，其实再大的公司也是缺乏资源的。可以说，互联网行业一直都是在资源缺乏的条件下去交付产品或项目的。

其实不难理解。大公司看起来庞大、资源丰富，但是各条战线都在布局，细分到各条支线时，资源就显得不那么充足。何况资源整合时，各条支线各怀心思，一时半会也形成不了合力，而小公司则是天然的资源匮乏者。

大公司的战略就是让资源分散者能有效集中起来攻城略地。而小公司的战略则是让贫乏的形象借言借利借势吹鼓起来，让自身的形象肥壮一些，方便局部突破。

前面说过，大公司是有心去放养的，小公司是有意去破坏和掠夺的。那么在调用资源的过程中，两者的布局就会有差异。前者更耗时在内部统一上，后者更耗时在不断的更换“装备”上。

这么看来，大公司只要战略上没有问题，整个市场就势在必得。但是整合内部能力，统一内部文化，却是一件很需要耐心的事情。战略无法有效证伪，需要领导者的智慧和决心。

小公司则不同，他们输不起，一个项目就是一个项目的利润争夺，无论如何，打出的拳头都需要掷地有声。他们花心思不断地更换装备，刀枪剑戟斧钺钩叉，哪个实用用哪个。

面对不同格局的市场，战略无所谓孰优孰劣。要警惕的是，如果大公司用上了小公司的策略，而小公司用上了大公司的策略，就会很糟糕。

小结

传统公司和互联网公司因为切割市场的姿态不同，对资本的态度会有所差异。无论是挑战者还是保守派，因为资本的盲目性，都将面临巨大的风险。在战略层面，无论是大公司打兵团战，还是小公司打游击战，都要保证上下一心。制定的战略需要足够简单，让全员都能轻松理解。面对利润市场，大公司偏向于放养，而小公司偏向于有意进行破坏性掠夺。

在我看来，战略不分优劣，只是适用场景不同。这句话等于一句废话，不过如果你能看完上面几个维度的分析，对行业的观察大概会饱满一些。

|改变刻意追求晋升的认知习惯|

在国企时，某一个周末加班的下午，办公室里就剩下我和领导两个人。领导忽然感叹说：“真可惜啊，你调换了一个科室，本应该获得的那些证啊本啊，原来的科室就不会再给你了，回头赶上评职晋升可能就比别人慢一拍了。”我打趣地回答道：“我没想评职晋升的事，换一个科室能学更多本事就值了。”领导在一旁叹息：“年轻人还是太不懂这些事。”

领导对很多年轻人都如此叹息过。在领导心中，成长建立在一系列硬指标的肯定上。

后来果然如领导所言，同一批分来的同事陆续评职晋升，而我依然原地踏步。可是过了几年，升职的同事还在那些职位上待着，而我已经从基层调到集团总部。又过了几年，我又干脆跨界离开原来的圈子，薪资甩原同事几个数量级。翻旧物时，看到以前的那些证啊本啊，估计再也用不上了。如今再回忆起领导的那声叹息，我也不禁感叹，对待晋升认知的不同决定了不同的职场轨迹，有时会存在量级的差距。

你看到的阶梯未必真实

在国企圈，部门、岗位非常固化，几十年过去，可能都还是同一个组织，同一群人。晋升的通道似乎是约定俗成的，先来先到，按资历排序。许多刚入职的年轻人看到科室的那些老同志不禁感叹，或许那就是多年后的自己，心都凉了。后来又看到一大批的老人退休，空出一堆岗位机会，晋升通道一下子打开似的，看到了进步的阶梯。可是后来发现，那些和领导关系好的优先晋升，和领导关系疏远的都往后排，开始感受到晋升的不公平。某一天，身边某人突然取得了重大成绩，被破格提拔，于是又一次看到了非常规晋升的阶梯。再后来，看到有人揭发有功，被提拔了，有人送礼，被提拔了；有人几次关键汇报出彩，被重用了。

晋升的阶梯如同一个万花筒，你在圈内待得越久看到的也越多，令人眼花缭乱。如果想获得晋升，其中总有一个方法会让你心动。那个你认为最省力的捷径，最先开始尝试。后来发现这条路走不通，再换一条路，发现也不对劲儿。来来回回换了好多路，错过了黄金岁月，精力不济的时候，只能保守认命，不再折腾。

然而，每一个阶梯其实都未必真实。只是你还在那个圈子，发现不了。正如你在二维世界里永远只能看到前面不连续的点或者线段，如何知道在三维空间里这些点和线段其实是一个东西？

为什么会这样呢？因为看到的维度不同，见识就不一样。

要紧的是追求核心竞争力

当我从传统能源行业跨界到互联网新经济行业时，强烈地感受到体制内外职称生态的差异。传统行业部门稳定，人事变动缓慢；互联网行业部门调整频繁，人事变动剧烈。但是不管哪一个行业，只要没有过跨界体，那么对待晋升的认知大同小异。确定现有的岗位升级是绝大多数人的普遍认知。

我原本以为互联网圈因为人事更迭频繁，大家对岗位的认知更富有动态性和全局观。然而接触的大部分人依然看重眼前的岗位升级，刻意迎合这个岗位晋升的要求。可是岗位在急速调整，对应的要求也在急速调整，为迎合不同的晋升要求，人也马不停蹄地匆忙应对。

领导说，这就是互联网行业锻炼人的地方，催人进步。你要是不赶紧适应这种调整的需求，就会落后，晋升的机会就会比别人慢很多。

这无疑又让我想起在传统行业的领导那一声的叹息。

这类领导传递的认知其实都停留在一个维度，都认为要努力迎合岗位要求才能成长。

在固定的行业圈成长起来的人自然习惯现有的行业职场现状，认为社会本来如此，世界的运行规律是一样的。然而，如果让他们去跨界感受其他圈子的工作或生活，他们会害怕得要死，不敢轻易尝试。

为什么会这样？因为他们害怕自己没有竞争力。

他们不是已经具备对岗位频繁调整要求的适应力了吗？追逐迎合当前岗位的要求，是一种适应力的表现，但只是表面功夫而已。为适应这种岗位要求所增强的能力和素质也是被动的。这个过程没有从系统上去思考能力构建。

系统思考能力构建，就是从三维角度看二维世界，就是多去思考打造自己的核心竞争力，而不是刻意追求岗位晋升。这种差距很微妙，你努力工作是想追求现有岗位的晋升，还是想打造你的核心竞争力？不同的目的会导致不同的行为。

举一个稍微极端的例子。比如，你是一个产品经理，岗位需求是打造一款有影响力的高端业务产品。然而岗位需求调整，公司让你去做产品销售类的工作，帮助维护客户关系，推销你的产品理念。原本考核你的指标是你的产品完成度和用户满意度，现在变成你的项目转化成功率（业绩指标）。那么，面对年度职场晋升机会，你打算如何迎合你的岗位需求？

如果你刻意追求晋升，适应新岗位的需求，在维系客户关系、提高销售业绩上积极努力，那么你必然会弱化自己作为产品经理方向的核心竞争力。如果你依然执着追求自己在产品方向的核心竞争力，那么就很有可能在满足岗位业绩需求上打折扣。

这并不是说，在完美完成业绩需求的前提下，无法提升自己的核心竞争力。而是说，在满足岗位需求和追求核心竞争力上，谁应该放在首要位置上。

岗位调整是千变万化、捉摸不定的，随市场飘摇。把追逐职级和薪水的提升放在首要位置上，就是刻意追求晋升的策略。若是打造自己核心竞争力，那你就具备了更多跳槽甚至跨界的筹码。

什么样的认知是在打造核心竞争力呢？

1. 你需要从改变对岗位晋升的认知开始。不要把薪水和职级作为晋升的结果，而是把自己核心竞争力的提升作为晋升的结果。这样避免陷入一味迎合岗位需求的被动状态。

2. 当具备以上认知之后，你需要随时思考自己的能力圈范围。查理·芒格的一条建议是：确定你的能力圈，你必须弄清楚自己有什么本领。如果玩那些别人玩得很好自己却一窍不通的游戏，那么你注定一败涂地。要认清自己的优势，只在能力圈里竞争。

3. 你需要聚焦努力的方向，如果竞争力需要时间积累，那就努力去积累。为了防止走偏，你需要重复思考以上问题。

关于人脉资源变现，你是否陷入狭隘的思维误区？

人脉变现

和一个朋友聊天，他又开始谈起自己的各种人脉资源。他认为，到了恰当的时候，这些资源都可以变现。他所谓的变现，就是这些人脉资源会使他有项目可做。

我问他："什么时候才是恰当的时候？像你导师那个水平的人，可以轻松获得那么多项目，不过，他有多富有呢？"

他有一些迟疑地说，导师也不算特别富有，因为快退休，所以不在乎钱了。这个理由实在有些牵强。

朋友又提出平台的重要性，他认为有了好的平台，接触的人脉资源会自然地聚拢起来，最终实现有效转化。

这是一个空洞的设想。

关于人脉资源有效性转化问题，其实看看一些故事就明白了。有一阵朋友圈疯转过一篇文章《芮成钢入狱无人搭救，切勿高估自己的人脉关系》，内容看题目就能略知一二。我记得朋友也转过这篇文章，深表赞同。然而现在，他还是打着人脉资源转化的算盘。

这是一种思维误区，陷进去就很难被叫醒。

人脉资源转化，公式一

在我曾经就职的央企，总会听到某人是通过经营人脉关系成功的故事。可是和当事人聊起来，他们从来都认为自己是靠努力升迁的。他们会说，自己的成功一部分是由于人情世故的经营，更重要的是在关键岗位上的实力。在故事传播的过程中，听者会主观取舍当事人上位的真正要点。

这类“励志”故事往往都是说者和听者的主观表述，很难分辨孰是孰非，姑且只能当作一种情感的流露。

钻营人脉的人显然是认为对方有可以利用的价值。靠投资人情就能获得价值吗？恐怕不行，最后交换的还是你可以提供的价值。那干吗要投资人情呢？只是为了让对方给你一个可以交换价值的机会。

这里有两个关键点：1. 有机会交换；2. 有可供交换的价值。从人脉资源转化的观点来看，就是在有可供交换的价值的前提下，需要通过人脉投资来获得潜在的交换机会。

组织之间和组织内部是有区别的，这两条线的人脉资源转化公式不同，判断标准也不一样。

组织内：人脉投资 = 交换机会 + 补偿价值

组织外：人脉投资 + 交换价值 = 交换机会 + 补偿价值

组织内，补偿价值远大于交换价值，甚至可以忽略交换价值。组织外，补偿价值接近于交换价值，而人脉投资就是在投资潜在的交换机会。

通过这两个公式可以得出一个结论，人脉投资在组织内和组织外的内涵是不同的。所以很多组织外的销售人才常常会感叹玩不转组织内的人事关系，而组织内的多面手则自认为能当好一个销售。从组织内出来的人可以转化其所属组织的那一部分资源，但是放到其他地方就要摸瞎了。

如果组织内的制度文化更偏向于组织外的玩法，如领导给予的补偿价值更多看中你的交换价值——业绩、项目完成度等，那么用对待客户的态度对待领导其实更适合。如果组织内的领导喜欢任人唯亲，那么一味投资人脉就容易陷入钻营投机的漩涡。这些人容易得势一时，但不会长久。

人脉资源转化，公式二

用人脉资源转化这个论断来处世，容易背负功利化的标签，因为这是一物换一物的思维模式。但社会很复杂，只用交换思维是很不适宜的。比如，你帮了一个人的忙，感觉对方欠了你一个人情，期待他未来会还上，这种思维模式就太狭隘了。

《别独自用餐》的作者法拉奇在书中分享过自己的一个故事。

有段时间，法拉奇想做娱乐行业，他想去好莱坞，就联系了一个洛杉矶的朋友。这个朋友是洛杉矶的商人，叫大卫。法拉奇问大卫："我想进好莱坞做娱乐业，有没有好的建议呢？"大卫说："我认识一个公司的高管，这个人比较符合你的需求。"法拉奇很兴奋，于是问他："能不能帮我安排一次见面或者发一封电子邮件建立联系呢？"让法拉奇没想到的是，大卫竟然一口回绝。他说："我可能也要请人家帮忙，我可不希望因为你或者其他原因而把这个请求他人帮忙的机会用掉了，对不起，我不能帮你。"

这个故事给法拉奇很大的触动。很多人认为人脉资源是一种越用越少的资源，但它其实更像肌肉，使用越频繁才越健壮。我们要做的就是努力把自己的人脉介绍给有价值的人，分享人脉比藏着掖着重要得多，法拉奇称之为"社交关系套利"。

所谓的社交关系套利，就是通过不同的人脉关系的组合而获得更大的收益。

社交圈的力量很大，这种力量有一部分是来自关系的多样性，而这种关系的多样性中数量和类型是非常重要的。通过建立人脉关系的多样性可以实现社交关系的套利。

这里的转化公式是什么呢？

人脉资源 = 连接价值 + 补偿价值

用连接的心态去对待人脉资源，其实是一种给予和帮助他人的思维模式。公式一是想怎样利用别人。没有一个人喜欢和总是想占自己便宜的人打交道。公式二则是用连接的心态去思考怎样能够帮助别人。在建立连接价值的过程中，需要的转化能力在于将一面之交的弱关系变成能够深入合作的强关系。有兴趣的读者可以在《别独自用餐》里找到务实的解决方案。

第四章

向上管理的技巧，决定了你在职场的舒适度

只是从管理层来说，预测将来的形势是一件很困难的事。比如，在金字塔结构中，一个领导管理5个下属，每个下属又管理5个下属，以此类推。一个领导最多看到一层或者两层，三层以下的状态他就无法看到。高层一个小小的问题就会引起下面一系列连锁反应。如果没有畅通的信息反馈渠道，高层便不知道下面的人处于一个什么水平。打造前方团队的信息回路是人才管理很重要的一环。

向上管理是一门艺术

| 老板的信任你承受不起 |

终于找到机会可以和老板共处一室，老板说：“看你最近有些想法，可以对我说说看。”你感动于老板给予的这份信任，于是开始噼里啪啦地讲述自己的想法。你认为这些想法都是站在公司利益层面上来思考的，期望老板能理解并支持这些想法的实施。

自诩为老板心腹的你只是期待他微微点头，并附上一句“好的”。这足以让你干劲百倍。然而老板听后却表现得迷惑不解，并问你需要什么帮助。你自信地说：“不需要，只是希望您能理解我的想法，并支持我的决定。”“那你去做吧，碰到问题再去解决。”

于是，你猛然间意识到，其实你并不想得到这个答复，不然你也不会如此苦口婆心、动情地阐述自己的深刻见解。在转身和老板分开那一刻，你忽然意识到，原来你只是想通过这次沟通进一步获得老板的信任。然而，他却把你推开了。

你感觉到，老板还是不够信任你。

反思你的关注点

你的关注点是老板对你的信任，是以一个自诩为心腹的员工的思维来关注的。

老板推开的不是你，而是一堆他不懂的问题。而这些问题正是他花钱请你帮他解决的，他不需要你在身边不断提醒问题的存在。学过一点职场理论的人都明白，当提出问题时要附带解决办法。所以当你提出问题，并自信地提出你认为合理的解决办法时，你认为自己是值得被信任的。

你错了。老板首先要考虑自己的安全。因为一个新解决办法的实施将触发一系列的连锁反应。且不说办法能否实施，仅思考是否要表态支持你的想法，可能就已经会牵扯一部分人的利益分配，或者项目的运作倾向问题。这样，在无法估计这种解决办法所带来的后果时，保守的态度就是模糊回应你，并把问题抛向你，哪怕你是他的心腹，而心腹恰恰是来替他解决或者背负问题的。

你所期待的信任分量太重，重到作为员工的你无法承受，因为这种信任是预设在老板和你是合伙人的前提下。如果他耐心地和你沟通，听懂你的见解和解决思路，并愿意积极反馈的话，就意味着老板要将他的思考和顾虑一并和你分享。这种自我暴露的风险可能失去老板固有的权威性，在一个发薪水、一个领薪水的雇用关系中容易带来一系列后果。

老板会想，如果员工知道太多我的顾虑，还能否积极地办事？

当你转身离开，并感到一丝沮丧时，不妨把自己拉回现实，提醒自己刚才是在和老板交流，老板并不是你的朋友，他的信任你承受不起。

转换你的关注点

职场中关系不平等，所以需要不平等的交流方式。你传递出你的信息，老板接受他需要的信息，而信息互换后产生的效应才是你应当关注的。在不平等关系中（或者信任程度不平等时），信息的传递存在很大的损失。你描绘了一片大海，波澜壮阔，比你高阶的人却只能感受到小鱼塘的波纹。等级差距越大，信息传递中的损失越明显。反过来，老板描绘了一片蓝天，一望无垠，你却觉得和自己没多大关系。老板需要把等级降低，当他和你同等级交流时（比如把你当作合伙人），你才能感受到他心中的那片蓝天。

职场关系不平等，信任落差也就不可避免。所以，就算你得到老板的信任，也是不平等的信任。把关注点放在信任与否上，很可能会产生失落感。不如把关注点放在信息的传递和反馈上，这样再和老板交流，就变成一种关注信息互换的过程。你的情感就更容易控制住，而不会被信任危机吓倒。

最后，谈一下最近关注的人工智能领域。试想，如果是两台人工智能机器人之间的交流，设定同阶和不同阶的职场等级，画面肯定更有意思。

面对老板增压问题，要从重视自己的时间颗粒度开始

有一次老板问我："给你双倍的工作压力，你愿不愿意干？"

这类问题其实不是征询意愿，而是要求下属表决心。所以年轻气盛的我会毫不犹豫地回答："当然愿意，我就是一个不怕压力的人，干得越多，本事越大。"

刚入职的年轻人必然要如此拍胸脯，不然学习上升期的准入实践机会就会失之交臂。但对于一个早已深谙职场游戏规则的职场老人来说呢？

这个要看老板给我什么，投入产出比须对得起我的舍命付出。另外，工作和家庭也得兼顾。

碰到有这般心态的职场人，老板是有些失望的。而职员倘若不是对老板同样有失望的预期，大概也不会瞻前顾后。

我们在谈论这种表象的职场生态之前，先不要发出"入行久了，心态不再年轻"的感叹。思考一下，无论在职场的何种阶段，老板抛出增压的问题，对员工来说，是在发出一种什么信号呢？

开始挑战你的职场生活品质和时间颗粒度。

职场生活品质是职场人都在追求的，不然辛苦干活图什么呢？美国社会心理学家马斯洛那个高大上的所谓自我实现的背后，依然也需要由生活品质来支撑。不想追求生活品质的人不是本篇文章尝试沟通的对象。

生活品质无疑是一个动态且需要时间积累才能浮现出来的现象级事物。生活品质的改变最简单的表现方式就是职位变了、薪水变了、奖金变了，还有上班离家近了、闲暇时间多了、工作焦虑感降低，等等。这些表现因素太多，有没有一个核心的因素呢？

时间颗粒度变了

时间颗粒度概念的来源有两个广为流传的案例：万达老板王建林的时间行程表和微软创始人比尔·盖茨的按秒计算的会议安排。案例细节可以百度搜搜，这里不赘述。这类案例背后的关键词便是时间颗粒度。

时间颗粒度是一个人安排时间的基本单位。

王建林的行程表以 15 分钟为单位来安排行程，时间颗粒度为 15 分钟。盖茨以 5 分钟或秒数安排行程，时间颗粒度更碎。职员身边的领导的时间颗粒度如何呢？比如，去领导办公室聊了半小时，就会有秘书或助理来提醒领导下面还有一个会议，那么领导的时间颗粒度是半小时。回到办公室，领导过来派活，要求半天内完成某个方案，于是职员的时间颗粒度被定为半天。注意，这里有一个不同点，这个半天的时间颗粒度不是职员主动安排的，而是被要求的。如果转换成主动行为，领导把任务派下来，在有能力半天结束任务的前提下，职员决定如何安排自己的时间，这才是他自己的时间颗粒度。

比如，一个任务的平均完成时间大概为 6 个小时。能力强的人 3 个小时就能完成，那么还有 3 个小时剩余。他会选择把 3 个小时硬生生拖成 6 个小时，还是在尽快完成任务之后，再把剩下 3 个小时合理安排做其他工作？（或许可以把时间分割成更小的单元。）

在我之前就职的央企，大部分人会选择拖足6个小时交差，因为这样可以避免领导派给新的任务。结果工作表现就是拖拉，效率不高。领导确实习惯性地多派活，因为他想当然地认为能者多劳，殊不知职场规则让员工早已知晓干多干少一个样，也就不会把自己的时间颗粒度当一回事。

我们暂且不论企业的低效生态背景，而专注讨论一下员工为何会把自己的时间颗粒度不当一回事。难道员工不知道耗掉的时间都是自己的吗？

与其说没有重视时间颗粒度，不如说没有认识到自己的时间成本价值。

刘润的《5分钟商学院 · 个人篇》里谈到一个通过管理时间成本致富的出租车司机。说有这么一个的哥，用时间成本的概念管理自己的出车行为。这位的哥根据每天的份子钱、邮费、出车时间等，算出自己的时间成本是34.5元／小时。于是他在每次出车时都会判断，走哪条路或者提供怎样的服务能让时间成本降低。比如，为了节省时间成本，他宁可走高架桥而绕远、烧油，只收乘客不绕路的车钱，省出来的时间能接上新的乘客，新的收入远多于浪费的那点油钱。他通过这种方式让每天出车的收入水平最大化，很快超越了大部分同行。

时间是有成本的

时间成本

这位的哥的案例证明，通过管控自己的时间成本能获得更大的收益。回到上面那个例子，员工把本可以 3 个小时完成的任务拖到 6 个小时完成，让时间成本增大了一倍，就算按“干多干少一个样”的逻辑来看，总收益一定，但是成本变大，净收益值自然就变小了，吃亏的还是员工自己。

从员工的角度出发，就算省了 3 个小时，但是领导又压活过来，等于说干了双份的任务，却依然只能得到一份任务的收益，岂不吃亏？

没错，这样就回到了文章最初的场景设定，老板兴致盎然地问你：给你双倍的工作压力，你愿不愿意干？

面对一个必然吃亏的问题，聪明人怎么回答？先不说“吃亏是福”这类理由，因为这句话的背后是一种混沌的认知，没有本质的指导意义。老板敢如此问这个挑战性的问题，其实前提是存在给你增大总收益的预期，譬如想给你升值加薪的机会，等等。职场老人的阅历可以证明，这种机会往往会落空，但也不排除机会变现的可能。碰到这种局面，员工岂不都是赌一把的心态？

老板提出了一个改变你生活品质的机会，但是以压缩你的时间成本为代价。可是有一点他无能为力，他无权改变你的时间颗粒度，他只是在挑战。领导派给你双倍的任务，但是无权决定任务在你那里的时间分配，这才是我们面对这种局面时权衡的关键点。

时间颗粒度是掌握在自己手中的

如果你的工作时间颗粒度是你能控制的，而且你非常重视它，那么老板在派发任务的时候无疑要考虑你的时间颗粒度。磨合一段时间后，老板就会判断出员工的时间颗粒度。为了使收益最大化，老板也会时不时地挑战你的时间颗粒度，使其压缩再压缩。而你基于对自己时间颗粒度的重视，会对这种挑战很敏感。因为时间颗粒度的改变必然会影响你的生活品质。碰到这种情况，再做判断时，绝不是赌一把的心态。

如果时间颗粒度可以压缩得更碎并且能放大收益，那么毫无疑问应接受并感激老板能给自己提升的机会。如果时间颗粒度被强迫切细，严重影响自己对时间的掌控能力，结果就会适得其反，导致你每天疲于奔命，生活品质严重下降，那么必须从维护自己时间颗粒度的标准上合理抗争，据理力争自己的时间分配自由权。

这就是理想中老板和员工的博弈过程，通过彼此磨合达到双赢的效果。

你觉得呢?

领导骂你，可能是因为无能

刚入职的年轻员工又被领导骂了一次，于是老员工过来安慰：领导骂你是为你好，让你知道可以前进的方向……最后总会来一句“我们都是被领导骂过来的”。于是识相的员工会诚恳地表达感谢，表示心悦诚服，保证以后努力不再出错。然而，晚上和朋友们喝酒时却开始骂娘。

年轻员工依然会出错，于是又被骂，这种事情经过几轮后就开始长记性了。随着阅历的积累，他学会怎么迎合领导，于是被骂的机会越来越少。旁人看起来这小子算是被骂出来了，办事成熟。然而，这种所谓的成熟不是办事能力上的成熟，而是迎合上级的功夫熟稔了。

喜欢骂人的领导大概总是担心员工办事不牢，想通过预先敲打他们来规避事后的损失，又或者只是为了彰显自己的权威。当看到这些员工被骂得顺服，还会有些成就感。员工被骂得狠了也会反抗。反抗激烈的有如三国里的范强、张达，一气之下把自己的“领导”给杀了。但是大多数员工还是会选择温和的反抗方式，比如陈述一下客观情况，或者隐射领导也有责任。

社会上领导关系的种类太多，这里只限定在职场圈。在一个以薪酬维系的雇佣型领导关系中，领导的权限很多，权力来源于承担责任的大小和可支配的薪酬资源。

在一个良性运转的企业里，老板是企业各种风险的风口，企业各级领导层都是在帮老板分担风险，离老板越近，责任越大。层层分解，最底层员工的责任最小。这些领导对下属发脾气时是担心下属办事超过自己担责的承受范围，让自己和团队吃不了兜着走。这个好理解。当有人挑战领导担责的安全边界时，领导有以下选择：

1. 替下属担责，让事情先朝有利于下属的方向发展，这种方法有潜在的收益，也有现实的风险；

2. 警告下属责任在下属，自己没法担责，警告他不要让自己太难堪；

3. 生气、发脾气、骂人，用一些冠冕堂皇的理由让下属认识到他们不成熟、能力不行。

选择第一条的领导是敢于担当的，能和下属一起干大事，这样的领导可遇不可求。选择第二条的领导虽不敢担责，但却是诚恳的，合作起来也很愉快。而很多领导则选择第三条，因为这样处理可以把责任推到下属身上，通过否定下属的能力让对方知难而退。发脾气的方式是一种有意或者无意的策略，因为这样能让下属把关注度更多地投射到反省上面，而较少意识到是领导的问题。人被骂时本能地会反击，可是在职场中存在雇佣关系的不对等性，聪明的策略是暂时忍让，而后再处理冲突。

面对这种领导发脾气的情况，越听话的员工越习惯于反省，而一味地陷入反省的漩涡是很悲哀的。不听话的员工会有反省的倾向，若在反省的基础上还能对领导的行为做理性的反思，会更清楚自己的处境而做出更有效的回应策略。回到篇头，年轻员工的所为是不可取的，因为他虽然有骂娘的意识，但是投射的角度太散，用一些不知所云的理由在朋友面前回骂领导，只能在小范围内解解气，被老员工（听话的员工）一熏陶，慢慢地也变得内心反省大于认知。

领导发脾气时，听话和反省有可能是领导有意引导你将关注点内化的表现。不妨合理地将关注点投射到领导身上，领导发脾气有可能是因为无能。而对于领导的无能要理解，有客观上授权边界的原因，也有主观上人性的局限原因。理解之余，想必你在对领导发脾气做出回应时会更加从容。

你的领导会容许你犯错吗？

你向领导汇报计划方案，说了几点之后领导打断你，告诉你这么干不行，你应该这样。第一次你觉得大受启发，深深佩服领导考虑得周全，记下来领导说的，开始遵照执行。

领导很高兴。

第二次汇报计划方案，领导又打断你，又是一番深刻指导。可是这一次你感觉没有那么受启发。碍于领导的权威，你依然表示无比感谢。

领导很高兴。

后来，每次汇报领导都会指导一番，这么做那么做。无论你把计划想得多周全，领导总会提出意见。你觉得领导水平就是高。

领导却不高兴，你的计划怎么老是不周全呢？

你感到无辜。你想，做得再好有什么意义？领导总是会提意见。“你提我改，最后按你的要求执行，这不就是很好的配合吗？”

然而，领导要的不是这种效果。他希望你汇报的东西他可以提不出任何意见。可是领导越是提意见，你表现得就越不如意。

这是为什么呢？

万科集团创始人王石分享过自己刚从万科总经理位置上下来，专注做董事长时的感受。他总会强忍着打断总经理汇报的冲动直到听完，最后表示：我没意见。

之所以如此，他解释说：如果还不等他们思考我就直接指出问题，他们就不会再去花心思、动脑筋；如果我在最初就对问题给予纠正，他们就不会意识到后果的严重性，也不可能有进步。只有让他们亲自去经历，才能稳稳当当地进步。

这就是领导提意见的隐患。可是为什么领导会喜欢提意见呢？

从表现层上看，领导在尽责尽力培养人才。然而从管理战略上看，这其实是一种懒惰行为。

比如，领导担心员工会犯错误，便通过有意识地指点员工让他们少走弯路、少入坑，似乎这样就能让公司或部门更好地运转，员工也能在提醒中成长。这种保姆式的领导方式忽视了个人独立成长的必要性。

千叮万嘱，不如跌倒一次。如果放权让员工自主去做，让员工通过犯错误成长，免不了会绕弯路，弄不好领导还得纠偏或者收拾烂摊子，这就苦了领导。

这个责任要是提前规避不就免了？

王石反思自己有过一段“垂帘听政”的经历，发现这样大大打击了团队的冲劲和激情。

“于是我开始说服自己，从到深圳创业至今，我有没有犯过错误呢？一直在犯。那么，为什么不能允许他们犯错误？这个心态非常重要，既然我也是犯错误过来的，他们犯错误我就要宽容一些。”

容许犯错，其实是一种气度，一种更高维的担当。拥有这种管理逻辑的领导对员工的成长看得更重。他用这种潜在的担当和信任，投资的不是你当下的谨记，而是你未来的蜕变。

与其苦口婆心让你少跌倒，不如在你跌倒后教你爬起来。如果你真碰到这样的领导，或许会抱怨：什么，这不就是让我故意犯错吗？

如果你真这样想，就暴露了你的婴儿思维。你已不是婴儿，没有人有义务提醒你。你需要对自己的行为负责，充分地负责。

不过，判断领导是否“故意为之”，可以看你犯错后他的表现。如果你犯错后，领导故意落井下石，给你穿小鞋或者开除你，那么就认栽吧，这是职场开除员工的一种策略，碰到这种小气的领导，离开也罢。如果你犯错后，领导会引导你面对错误、纠正错误，最后战胜错误，那就感谢这份缘分吧！你的成长会比谁都快。但是，不是所有的错误，领导都敢让你入坑。

我让自己牢牢把握一点：他们犯的错误只要不是根本性、颠覆性的，我就装傻，装作不知道。

——王石

让领导去判断什么是根本性、颠覆性的错误吧！你只需要做就够了。

人才政策要向基础人才倾斜

重视基础人才

2017 年至今，至少 20 个城市出台新的落户政策。仿佛一夜之间，各大城市都意识到留住人才的重要性。有商业媒体将这拨人才争夺大战按城市人才政策进行了分层。以 800 万毕业生为中心的中国人才库被一层又一层地瓜分和掠夺。有媒体甚至指出，抢人大战本质上是残酷的城市战争。

上升到城市之间的战争，这个论调有些危言耸听。国家不会让城市“强者愈强，弱者愈弱”，何况中国城市化进程还将加速，就算没有诸如此类的人才政策，城市终究还是人才的入口。人才最终在哪里分布不是这点户籍政策能决定的。

不过，户籍政策不再仅仅针对高端人才，开始对基础人才表现出温度和善意。这在一定程度上预示着有城市意识到，城市发展的人才队伍要开始转型。

城市发展不再仅仅依靠高端人才的带领，而更倚重基础人才的创新。城市发展早期确实需要一批高尖端人才的带领，让城市快速成长。当城市发展到正常水平时，高尖端人才的带领作用不再那么明显，需要靠基础人才的内驱动力。如果还不在政策上对基础人才表现出温度和善意，那么这类人才就会缺失或者再晚几年才发挥作用，城市未来的驱动力就会大大减弱。

在科技日新月异的时代，人才晚发挥几年作用，整个城市的发展恐怕就要落后几个时代。

有些政府还没意识到基础人才的重要性。

有一次，在某地区人才政策座谈会上，有政府官员大谈特谈他们人才政策的优越性，谈如何能吸引院士、外籍专家、留学生落户，高端人才的住房补贴是普通人才的10倍……会上有代表表达疑虑，在这么一个相对偏僻的区域，如果没有大量的基础性人才聚集，就算请了一批高端人才过来，他们如何能形成生产力？这些政策对基础人才造成的巨大落差又如何能吸引他们在此地长期聚集呢？

说城市，也说企业。虽然是不同的量级，但是人才政策对基础人才的倾斜是一个城市发展需要考虑的，也是一个企业发展需要考虑的。

有些企业在经过漫长的拉平阶段发展后，人才政策还是过多地倾向于高端人才，而忽视对基础人才表现更多的温度。

有人说，正是有这种层级的人才政策，才会让基础人才有向上成长的动力。即便这种动力真实存在，在如今人才高频自由流动的市场里，基础人才何必只盯着本企业未来的那点政策诱惑呢?

有一些企业树立了行业品牌，形成了一种人才吸引势能，批量的优秀人才蜂拥而来。然而，被分拣后的优秀人才如果没有在内部加以培养和有效引导，那么优秀人才也将变得平庸。

比如，一个企业的管理者看到优秀的人就会心动，恨不得赶快招他们进来“浴血奋战”。可是对于优秀的人，在公司政策约束范围内所能给予他们的能量有限，有限的能量如何能持续地吸引这么多人为一个共同的目标奋斗呢?

寻觅人才的首选项不是依靠外部挖掘，而要靠内部发现。从依赖外部挖掘到期待内部发现，需要有落实人才政策的觉悟。至少要意识到，普通的人才是可以培养的。天赋型人才必然可遇不可求，即便这类人才就在你身边，你也无法第一时间识别出来。

其实，大部分人不知道自己是不是人才。对待可塑之才，需要有策略地去引导和培养。人贵在培养，潜质和悟性非常关键。没有这些，还是将他们放在螺丝钉层次就好。成熟的人才需要保护和鼓励。如果试图打压他们，不仅会抑制他们能力的发挥，还会导致他们离开。

华南理工大学工商管理学院博士师导师陈春花教授在《激活个体：互联时代的组织管理新范式》中提到，互联网带来的个体价值的崛起和市场的快速变化使整个组织管理需要转型。当组织能够为个体提供价值的时候，这个组织就会有持续的生命力。个体价值的崛起需要平台与导引。

如果一个企业的人才政策还没有调整到重视基础人才的话，那么这种引导就无从谈起。

关于人才管理，可以从这些问题开始思考

人才流失问题

最近总在思考人才管理模式的优势和弊端。主流的人才管理模式主要是金字塔结构和扁平化管理。我翻阅了一些资料，纠结在这两种管理模式的优劣上。

网上一直流传着一张几大科技公司的管理结构图。从公司竞争力和内耗磨损度来对比各个公司的人才管理模式，每家都有其独特的价值性。

抛开“存在即合理”这套说辞，争论哪个模式更好其实没什么意义。将人才管理、人才流失问题引到几个具体的问题上，或许能打开一个新的视角。

为什么谈人才流失

我是先从人力资源管理的角度来关注人才流失问题的。在职场中，人才总会尝试在不断流动中找到最理想的归属。不论是正处于上升期还是已开始走下坡路的公司，如果管理存在问题，人才流失就不可避免。不过，对于走下坡路的企业，这种问题更容易暴露，也更容易被归结为公司经营不善。而对于那些正处于上升期的企业，人才流失问题容易被

忽视。

随着市场的扩张，公司的人才规模自然不断扩大。一些公司的人才规模在稳定地增长，中途清洗、掉队和自然离开的人比例不高；有一些却是在阶段式增长、阶段式淘汰，人才的置换速度快。新一拨人到来，老一拨人离开。尽管整体规模在扩张，但是新人越来越多，老人却越来越少。这种公司会变得越来越危险，如果遭遇市场滑坡，人才将会面临急剧的流失。因为人才梯队不够稳固，新人的忠诚度和归属感低，面对市场下行的压力，很多人会提前选择离开。

对于管理者来说，如果不能在上升期认清人才流失的状态并果断思考改变，那么风险随着管理的怠慢将会越来越大。

如何认识人才梯队

上面一节是从新人和老人的占比来简述人才梯队的。这种区分是从入职的时间长短来看，预设老人比新人的忠诚度和归属感高，也更能承受市场波动对公司的压力。新老的分界线是公司平均在职时长。如果是超大公司，可以参考垂直业务线的在职时长平均值。得到这个平均值以后，可以简单粗暴地判断人才梯队健康与否。如果这个平均值大于社会同行业在职时长平均值，说明公司的人才梯队是健康的；如果这个平均值小于社会同行业在职时长平均值，说明公司的人才梯队是危险的。

不过，这种判断方式对公司的人才梯队建设来说过于简单粗暴。再换一个角度思考。

最好的人才梯队划分方式是区分核心人才、一流人才、二流人才、三流人才。这种区分罗永浩在创业课上提到过，当他开始意识到人才和团队的重要性时，便和 HR 总监专门留意公司的核心人才，并重点看护他们，确保一流人才不会轻易流失，就算流失了也让他们有回来的可能。

那么，如何分辨这几个层级的人才呢？

拿一锅鱼汤举例，水和盐是核心人才，负责打造底层生态环境，缺了他们，公司就无法成立；鱼汤里的鱼是一流人才，是公司的关键资产，缺了他们，公司就不知道在做什么；鱼汤里的葱姜蒜等调料是二流人才，是辅助公司的关键人才，缺了他们，公司就缺少了增色的味道；那么三流人才呢，是鱼主体之外的一些连带物，如鱼鳃、鱼泡、鱼鳞、鱼胆等，一般人是不吃的，可是做菜的人不能把它们去除得干干净净，多少会留一些。这些连带物因为沾着鱼主体的光，总会被人误以为比葱姜蒜重要。这真是一大认识误区。

争夺核心人才和一流人才是创业公司或者说是创业型业务最需要掌控的。当业务趋于成熟，公司业务模型建立之后，公司运维往往就会趋于稳定，一流人才将是最容易流失的群体。公司的挑战性和愿景已无法强烈地吸引这类人才。这就好比一锅鱼汤煮熟了，把鱼身拿掉，剩下的鱼汤也够鲜美。这时候，葱姜蒜一类的二流人才往往会获得最大瞩目，过得也最潇洒灿烂。

一流人才就应该被放到新业务和新公司中，因为他们的能量足够大，不这样消耗不完他们的能量。

二流人才和三流人才的留存问题是一个公司上升还是滑坡的分界标。如果说在人才流失中，一流人才随着业务稳定陆续离开，而二流人才的存在还可将这个公司维持很久，直到鱼汤寡淡，直到市场衰退甚至消失。如果公司爆出更多的人才流失风波，导致二流人才也离开，那么这家公司剩下的三流人才就会被当成鱼的主体推到最核心的位置。这碗鱼汤就味同嚼蜡，公司离倒闭就不远了。

重视保护人才梯队，不妨多想想鱼汤的味道。

裁员的危机意识

上面的视角是从人力资源管理角度出发。那么，从普通员工的视角，如何看人才流失现状呢？

普通员工是从被管理者的角度来向上观察的，如果自诩为人才，多少会给管理层以自命不凡的感觉。人才梯队是从管理层角度来定义的。对于普通员工，一旦踏入公司人才库，就开启了一段不断自我定位的旅程。在没有得到充分的挑战和验证之前，人才梯队的标签对于个人来说毫无意义。这就好比你是一个模糊物，在汤里煮一下才能知道你到底是什么。

然而，如果普通员工依赖于这种被动识别，那么他就离被裁员不远了。毕竟，当一团模糊物出现在鱼汤里，更倾向于被人拣出来扔掉。

所以，普通员工需要主动并快速地定位自己的人才属性，这是职场生存的必备法则。

快速自我定位并有动力做事的前提是面临被裁员的恐惧。公司管理层会利用这种恐惧感催促员工向上生存。尽管这种恐惧策略方便识别末尾人才，却无法有效判别头部人才。如果公司管理层总是散播这种裁员的恐惧气氛，会让头部人才也产生危机感，对于他们来说，更愿意主动离职而不是被动等待裁员。这样会导致头部人才流失，是一件悲哀的事。

末位淘汰制的裁员策略释放的是一种公司不安全感。在不安全感中生存，很多用人策略都会表现得急功近利，人才归属上还会表现出唯上性。各种抱大腿的心态便是一种不安全感状态下的本能求生策略。

然而，裁员是公司团队优胜劣汰不可或缺的方法，如何既不释放这种不安全性，又发挥它的积极激励性呢？

在非纪律性或者非原则问题上，不要轻易动用末位淘汰制，而是以团队为单位，比如裁掉整个团队乃至整个业务线。被裁员工要么内部转岗被其他团队接纳，要么另谋出路。被裁团队内部无论人才优劣，自然会重新找到自己的定位和归属。

裁员策略下，裁团队胜于裁个人。这样可以在保证公司整体安全感的前提下激发团队的生存能量。

人才流失不可逆

对待身体机能，我们有一种共识：衰老是不可逆的。如果我们把公司当成一个有机体，我有一个大胆的设想，就是把人才作为其重要的组成部分，当开始出现流失症状的时候，这种症状将会不可逆地持续下去，最终出现“人才荒”，直到公司倒闭。

局部的人才流失不影响整体机能，但是一旦流失加速，就会带来不可逆的危险。

比如某个业务线的人被裁员后，无法最大限度地被公司其他部门消化掉，整体溢出人员不断增多，那么人才流失趋势将会愈演愈烈。这种危机隐患对于上升期的公司可能不明显，但是在遭遇外围市场冲击时将会加剧爆发。

为何说不可逆？人才流失是一种结果，而不是原因。

人才主动流失预示着管理层存在诸多管理问题。当结果已经发生，而公司管理层没有意识到病症所在时，只采用头痛医头、脚痛医脚的策略试图止损已无力回天。人才必然加速流失，呈现出不可逆的状态。

从人才被动流失的角度来看，任何一次裁员都代表管理运行中前置的某个环节发生问题，譬如战略失误、招聘失误、风控失误等，最终在人才政策上出问题。企图通过终端的问题来修正或者止损前置的各种问题显然是一种治标不治本的办法。而一旦止损无效，无法及时修正前置的各种问题，那么人才流失将会加速。

如何减少人才流失呢？我认为是有解决办法的。

一是要有让人才能流动并被其他部分消化的运行机制。公司看重人才，使人才在内部被充分消化，这样才能最大限度保护和用好每一个人才。不要企图用裁员手段来纠正招聘失误。

二是要有让人才回流的胸怀和运行机制；公司将内部人才和社会人才打造成一个开放的市场，不对离职人员设定回流的门槛，不歧视离职人员，甚至能更包容和开放地对待人才回流，这本身就是一种别样的人才培养手段。

小结

本篇对人才流失问题做了探讨。人才流失是管理上的一个风险，对上升期的企业来说，风险往往容易被忽视。有效识别人才梯队是有效避免人才流失风险的前提。在人才流失问题上，主动裁员的策略往往是不明智的，尤其不应该用末位淘汰制。非要裁员，也要首选裁整个团队的方法。人才流失存在不可逆性，如果能推动内部人才流动和人才回流机制，或许能减轻人才流失问题的负面影响。

人才的点线面观

在大公司，我会碰到很多类型的人才，然而总觉得人才都没有很好地被利用起来。于是我一直担心，倘若人才无用武之地，他们迟早会离开。

不过，跟进观察发现，这些人离开的时间总比我预计的要晚很多。也就是说，大部分人才是在火力未开的状态下生存好久，直到爆发，不再甘心受委屈。

我又求证了一些后来能力得到极大发挥的人才，他们在工作中逐步得到更多授权，慢慢施展才能，直到获得自己想得到的东西。不过，由于在此之前被包裹得太久，他们在展开时显得小心谨慎，而且带着怀疑的态度。在业务没有稳定之前，有一点风吹草动，他们就会习惯性地退缩到原来的状态。

倘若人才一直在这种状态下生存，确实有些浪费。人才管理的理想效果是物尽其用、人尽其才，若做不到这样，那么人才管理就是不合理的，有太多的优化空间。

在着手优化之前，有没有认知指导呢？我认为，需要有一个宏观的人才管理认知——人才的点线面观。

点，就是看重一个人才，精准地考量他。

线，就是看重人才之间的连接性和协同性。不在乎个别人才，而看重人才之间的协同效率。

面，就是看重团队整体的存在性。比如，兵团作战时，有一部分人是冲锋的，也有一部分人是管仓库的。从面的角度，根本不会考量个人的能力以及相互之间的协同性，而是更看重团队的战略性价值。就像一块大饼，需要有那么一个拼块存在才能构成完整的大饼。如果是多余的边角料，该舍弃就舍弃，根本不必在乎里面有什么。

当然，此处应该还有体，但这个层面我还没想明白，隐约地感觉应该还考量其他变量，比如时间或空间元素。一个好的人才梯队不仅要考虑静态时的形态，还应该考虑动态时的形态。比如，上半年用这个组合，下半年用另一个组合。此外，还要考虑和当时当地外围团队互补，才能达到体的认知。

现在姑且认识点线面这三个层面。有了这种宏观视角，我们如何优化人才管理呢？

1. 团队协同性远重于单兵作战能力。对团队组建者来说，打造人才彼此之间的协同性要胜于突出人才单方面素质。如果有过于突出的人才，要有效引导，让全员都能与之协同。人才管理的核心就是要尽量拉平这种落差，向上拉平，而不是向下找平均。

其实这一认识可以规避一个我们通常的认识误区——只见树木，不见森林。

人才难得，但是对公司成长来说，更难得的是人才之间的连接性、协同性。单个人才的流动性很大，而且太容易受不确定因素影响，如果将很多业务押宝在个别人才上，风险性太大。倘若将关注点放在打磨好内部人才的协同性上，风险就会小很多。公司流程管理其实就是将这种协同性打造成一种产品，使其效能可以摆脱对个人价值的依赖，让团队的能力发挥得更稳定和持久。

2. 完整性大于稀缺性。随着市场的波动，公司经常会灵活地调整组织的架构和团队组合。朝令夕改的架构调整会呈现一种不稳定感，过于频繁的调整会导致一部分人被甩出局。那么，如何看待这些随着调整暂时出局的人才队伍呢？要知道，这类人才队伍中不乏精英。

但是从人才管理的面来看，一定要优先看重布局的整体性，尽管在管理效果上会显得有些残忍。公司战略调整，就像在玩积木过程中面临预设拼图形状的改变。形状的每一次改变都会使一堆新的零散积木闲置。我们可以说每一块积木都是有价值的，只是有一些无法填充到预设的形状里去。

怎么处理？扔掉太浪费。一些资源匮乏的公司会粗暴地选择裁员。那么有没有更好的处理办法呢？我有两点思考：一是出局的积木是否考虑自行搭建成一个小的形状，作为主体结构的点缀。暂时出局的人才队伍完全可以自行组织，形成一个小团队，独立运作，和主体结构互补。二是从这类人才队伍中挖掘稀缺性人才，给予其内部创业机会。

对待完整性和稀缺性的优先级上，同样可以规避一个通常的认识误区。我们对管理者成体系地裁掉整个团队，沙泥俱下地清洗队伍时，往往感到困惑，认为优秀人才一并被不加鉴别地刷掉很可惜。这是因为没有站在更宏观的角度去思考。再优秀的团队如果不符合公司的整体战略布局，也发挥不了价值。被清洗出去的人才只能通过其他机制去妥善分流。

如果你自认为是人才，却在一个并非核心的团队，那么就要多思考它处于公司战略完整链中的哪一环。记住，稀缺性并不是占第一位的。从整个层面去思考，未来面临被清洗时将会从容很多。

3. 一将无能，累死千夫。这个标题算是对职场生态的一个共识。谷歌内部曾有一个“氧气计划”，通过收集所有离职访问的调查数据，设置对于管理行为评估的双盲访问，分析 Goolegeist（谷歌精神）调查问卷、评分表和半年评估数据，运用复杂、精细的多变量方法，寻找管理满意度与业绩表现之间的关联性。最后得出结论：得分高的管理者的员工不仅更具幸福感，其在创新、工作生活平衡以及职业发展方面的表现也更胜一筹。总之，leader（领导）对团队很重要。

只是从管理层来说，预测将来的形势是一件很困难的事。比如，在金字塔结构中，一个领导管理 5 个下属，每个下属又管理 5 个下属，以此类推。一个领导最多看到一层或者两层，三层以下的状态他就无法看到。高层一个小小的问题就会引起下面一系列连锁反应。如果没有畅通的信息反馈渠道，高层便不知道下面的人处于一个什么水平。打造前方团队的信息回路是人才管理很重要的一环。

领导在团队中具有至关重要的作用

而在团队组建中，尤其是从 0 到 1 的建设中，很多人侧重于选干活的人，似乎多了干活的人，业务就马上玩转。这是一个很大的认识误区。初建团队时如果没有识别员工才干的能力，那么人才管理风险就会一直累积，业务会越来越乱，跑起来也会越来越吃力。即便有勇气最终来一次大刀阔斧的改革，也会破坏好不容易建立起来的稳定性，公司有可能倒闭得更快，得不偿失。从人才管理角度来看，选将远胜于选兵。但是这个重要性要在团队早期抓起来，越往后抓越显得无力。

人才的自驱动策略

提炼一下自驱动性管理的几个关键词，先从我的一段职场经历说起。

上篇　我的故事

我就职的上一家公司有一套自成体系的管理模式。入职第一天，我便被一位同事告知：你需要自己去寻找定位，看看能为公司创造什么价值。你可以很闲，也可以很忙，完全取决于你自己的定位。

我不理解这句话的含义。

入职后，作为新人，我开始习惯性地等待老板的工作指示。然而两周过去，老板从不和我说一句话。公司的会议是开放式的，我有机会旁听一些会议，也赶上几场员工交流会。我当面咨询过老板，但没有得到明确的答复。我尝试去帮助身边的人做一些辅助性工作，但是他们都会友好地提醒我：你需要找到自己的定位。

奇怪，招我过来怎么不让我马上干活？这种模糊的管理状态让我开始有些怀疑公司的管理效率，我怀疑公司业务方向不明，招人进来却无处可用。

如此无所事事渐渐开始变成一种煎熬。

终于，我忍不住了。在一次工作会议上，我主动提出承担某项似乎各部门都在“踢皮球”的棘手活。我还记得大家停顿下来注视我的目光，那是一种诧异的目光。不管怎样，我很庆幸如愿以偿获得独立完成这项任务的机会。我花费一番心血，交上一份自认为还算满意的结果。然而没有得到任何反馈，我依然没有明确的工作方向。

这让我很苦恼，如果甘愿在这家公司如此浪费光阴，那我当年根本不会选择从央企辞职。我忽然动了离职的心思，但是心有不甘，希望再坚持看看。有些事我一定没有看到。

没错，我很庆幸自己又坚持了一周，后来的工作节奏打开了我对管理上的一个全新的认知——自驱动性管理。

一周后，在一次事业部核心骨干成员会议上，我获得列席机会。会议上一群人针对当前市场存在的问题，从潜在方向和战略布局上进行激烈争论。此刻的我早已没有任何顾虑，参与问题时火力全开。原来，这是一次新业务分工大会。会后，我获得独领一块新业务的机会。

这让我激动不已，我终于可以好好干一场。于是，我开始盘整资源，进行市场调研、需求分解、产品构思……当一切认知相对成熟，并认为全公司没有任何一个人比我更懂市场时，我便开始筹备组建团队。

我用最短的时间领悟了公司的人才管理策略，并惊喜于这种策略的高效率和竞争性。

三个月后，我成功搭建出自己的团队，并顺利打开新的市场空间。

此后，以管理者的视角，我看到太多员工的困惑和迷茫。我暗自庆幸，原来这便是这种人才管理策略的必经阶段。

下篇　自驱动性人才管理策略

我领悟到的人才管理策略是什么呢？总结起来就是努力发掘具有自驱动性的人才，并让这类人才自觉地有效管理。这种管理的逻辑是团队中必然存在具有自驱动性的人才，而管理者需要有效地将他们识别出来，并让他们无边界地发挥效能。

具有自驱动性的人才是哪一类人呢？在我看来，需要满足以下两条：

1. 有自我管理的基本素质。

2. 有成就欲望。

具备这两种特质的人才就可以放在具有自驱动性人才库里，这是面试官们特别需要看重的特质。抛开面试官们的慧眼识才，如何通过一个有效机制分选或者培养出这类人呢？简言之，公司只是给你搭建一个舞台，你要在舞台上领悟自己的角色。

这个舞台的搭建是人才管理的自驱动性策略的关键所在。这种策略的精髓我认为体现在三个关键词上：无边界思维、闲置性驱离、价值型反馈。本篇重点论述一下人才管理的无边界思维，下一篇再解释后面两个关键词。

“无边界思维”这个关键词我思考很久，为了更全面地解释这个词，我用四个引申词来诠释。

无边界定位

定位自己是成就自己的第一步。这个定位的过程是有代价的。

公司通常的管理模式是由上级对下级进行定位，按岗位给人才定位。但是为了发现具有自驱动性的人才，公司会有意识地设置更宽泛的岗位条件、更模糊的业务边界，让人才在这种状态中自我摸索，找到自我价值和公司价值的最大匹配状态。

将定位的权限放给人才个体，公司便需要打造出一种无边界定位的姿态。授予个体更多时间、更多岗位流动机会以及公司信息开放式环境，容许个体在这种自由状态中定位自己最合适的角色。这个过程中，公司需要充满耐心，等待人才自我觉悟。

人都是习惯被管束的，当被放到一个无边界定位的环境中，自然会充满迷茫和困惑。但这也是一段奇妙的心流体验，在这样一种状态中不断地寻找自我价值、领悟公司文化、明晰公司发展方向。寻找定位是一段和公司基因相融合的过程，如同单个 DNA 序列最终找到生命体链条中可以嫁接的位置。

充分授权个人进行自我定位是无边界定位的目的。

无边界犯错

当找到定位之后，有成就欲的人自然想有一番作为。但是一旦定位后，生存的环境必然会从无边界状态变成有边界状态。

我在新业务拓展中不得不面对公司的诸多边界，这不能做、那不能做，这些事最好不碰、那些事最好谨慎，等等。为何会面临这种局面？因为一旦开始做事，必然要消耗公司资源，那么不仅涉及成本、收益、产出比，还会牵动其他人的利益格局。所以，那些曾经对我放任不管的领导也不得不站出来警示我的边界。

这种边界对我的驱动性有很大影响。如果边界总是过于苛刻，会大大削弱我的驱动力。那么，有什么办法可以保持这种驱动力呢？

容许犯错，而且是容许无边界犯错，也就是容许人才在自我管理、业务逻辑、口头内容、文字内容等方面犯错，不要因为在某一个方面犯错就大惊小怪。

管理者需要有一种敢于让下属犯错的担当。有些错误是必须经历一次才能意识到的。不犯错不足以知道自己的能力边界，不犯错也无法知道下一次调整和上升的方向。犯错对于人才培养是不可或缺的一堂课。然而下属犯错，领导要敢于承担，否则下属就会自我设限，不敢行动。害怕犯错的人，自我驱动力就会越来越弱。

充分激发人才的自我驱动力是无边界犯错的目的。

无边界的成本控制

无边界定位和无边界犯错其实是以消耗公司的资源为代价的。等待人才自我觉悟，等待他们跌倒后爬起来，这一过程中的资源代价不是任何一家公司都能够承受的。对于创业公司、创业团队来说，这种空耗显得有些奢侈。那么，如何让这种奢侈进入“寻常百姓家”呢?

只需要抓住一个纲领就可以：树立成本意识，给所有的无边界思维安上安全阀。

上篇的故事中我有一张底牌——我能控制好成本和产出的比例。尽管在新业务扩张中，刻意控制成本是一个并不高明的策略，但是也确实拿不出更好的底牌。成本控制体现在方方面面，如招聘的人力成本、出差成本、固定资产成本以及投入产出的时间成本。通过这种成本意识来应对突破边界时遇到的挑战。团队的价值观是付出一点代价就能做那么多的事，为什么不让我们做?

充分鼓励人才突破对边界的挑战是打成本控制这张底牌的目的。

无边界创造力

事实上，这张底牌并不总是奏效。因为成本是老板更愿意去思考的，而业务线的领导考量得更多的是产出。面对老板和面对业务线领导时，会面临夹缝中生存的压力。

在产出上下功夫必然有些急功近利的动机。第一轮在市场上推出的产品便是用最小的团队、最短的时间周期、最省成本的方式做出来的。当这批产品勉强得到市场认可，本以为能得到更多缓冲期、做出更好的产品时，却依然要在成本意识上满足快速产出的要求。如此疲于满足市场需求，无法更精细地打磨产品线。产品团队一味满足市场需求就无法更高维度地思考产品未来的发展方向。要知道，一味满足市场的产品最终将被市场淘汰，比如诺基亚手机。

创造力的发挥和成本意识之间是存在矛盾的。发挥创造力必然要耗费巨大的资源，有时是不计成本的投入。无边界的创造必然需要无边界的成本，无边界的创造力需要无边界的成本支持。

充分引导人才的创造力是无边界成本支持的目的。

关于人才的自驱动管理策略还有两个关键词：闲置性驱离和价值型反馈。

人才的驱离和反馈

上篇说到人才自驱动策略的三个关键词：无边界思维、闲置性驱离和价值型反馈。既然选择用无边界思维来激发和鼓励人才自驱动，那么对于那些没有自驱动的人该如何处置呢？

这些人自然是要驱离的。可是如何不破坏无边界的框架去做这件事呢？

闲置性驱离

闲置性驱离，说白了就是让那些不主动做事的人自动离开。这类人会不会自动离开？我们来看一个心理学实验。

美国心理学杂志上刊登过一个心理学实验。加拿大多伦多大学两位心理学家选了52名学生参加实验，让他们依次在电脑上玩同一个游戏，屏幕上显示他们在和其他3个人相互传球。参与实验的学生以为屏幕上的人也是由真人控制的，实际上另外3个“人”都由电脑操控。其中一半的学生一直和那3个“人”玩得很好，而另一半学生开始几次能拿到球，后来就被彻底“遗忘”，只能看着别人玩。

实验结束后，心理学家让两组学生在事先定好的食物和饮料单中选出最想要的，其中包括热汤、热咖啡、苹果、饼干等。结果那些受到冷落的学生大多选择热汤或热咖啡，而正常参与游戏的学生就没有这样选择。

这个实验得到的结论是：当人受到冷遇，感觉自己被排挤、孤立时，会感到“心寒”，很想喝点热咖啡、热汤来驱走“寒意”。

这里的心寒是从心理到生理上的反应。人会本能地具有群体感和参与感，如果剥夺他们的群体感和参与感，是一种深度的折磨。

在自驱动的人才团队中，当自驱动文化成为一种共识，盲目的人会显得很痛苦。大家都在为整体的战略目标努力，而有些人只能选择麻木地应付，久而久之，很多工作参与不进来，工作量越来越少，这就会造成一种被孤立的现实局面。但是这种孤立不是管理者有意识制造的孤立，而是闲置久了自然形成的一种脱节感。当脱节到一定程度时，工作会变得越发力不从心。

人处在一个被孤立的团队里，工作将会是一种隐形折磨，时间久了，大概率会选择主动离开。

但从闲置性孤立到主动离开的时间越长，公司所承受的代价越大。考量到整体用人成本，必然要加快选择可替代人选，并加快这种闲置性驱离的节奏。

那么，如何加快这种节奏呢？这里引入一个关键词：价值型反馈。

价值型反馈

反馈需要即时。

上面谈到，当一个人在一种“宽松自由”的无边界职场生态下，没有面临淘汰危机时，容易陷入麻木和盲从状态。一部分人很快觉醒并形成自驱动的工作模式，而另一部分人要么等待觉醒，要么不知不觉就被边缘化。后面这一群体是需要通过刺激来加速的，反馈便是刺激加速的一种办法。

每一个人才都处于一种待命状态，无论他的工作量有多饱和。如果“繁忙”的假象让管理层不敢轻易对员工发起反馈的动作，那就谈不上刺激加速。

这里不用区分正面反馈还是负面反馈，这些都是策略问题。反馈无非是要求人才对自己所承担的工作重新审视一番，并尽可能朝着有利于公司的大方向调整。但是，这种调整的方向是不确定的。或许好，或许坏。譬如某个主管对员工某项工作能力产生质疑，他将这种质疑态度通过单独谈话的策略反馈给这名员工。这名员工在接收这种信息后会表现出两个方向上的调整：好的方向是努力弥补短板，努力高效完成任务；坏的方向是心里不服，阳奉阴违，只求60%的合格率，或者干脆甩锅不干。

反馈其实就是把既定的认知往前推一把。

这个既定的认知既有管理层对人才的认知，也有人才对自己的认知。我们希望尽可能地激发善意，往好的认知方向推一把。这就是本节谈到的价值型反馈，它包含两个重要因素：即时性、价值性。

反馈的即时性，就是要及时给予某个事件反馈，不能等这一事件过去好久再旧事重提。任何事件随着时间的推移，可被人为解释的版本会越来越多。在还没有产生各种荒唐的认知之前，要及时干脆地给予反馈。

反馈的价值性就是要做到有效反馈，从进步性、成长性方面去给予反馈。大部分管理层都是基于结果去反馈的，这样往往陷入结果性偏见而不自知。如果去评价人才的进步和成长，那么管理者和被管理者彼此的认同度会高很多。在斯坦福大学的教育理念中，有一个叫“成长型思维（growth mindset）”的概念，它是相对固定型思维的一种心智模式，被公认为近几十年里颇有影响力的心理学研究之一。基于成长的反馈，有时更像是一种成长型思维模式引导。

小结

上篇和本篇文章谈了我所理解的人才自驱动策略，这一策略可以通过三个关键词来诠释：无边界思维、闲置性驱离、价值型反馈。打造无边界的职场生态环境能帮助鉴别、突出和培养出那些具备自驱动素质的人才。通过闲置性驱离可以将那些实在无法跟上自驱动团队的人才边缘化，促使他们无影响地自动离开。而价值型反馈就是加速刺激两类人群的分离，加快这种闲置性驱离的节奏。

人才的归属

很多创业公司在发展过程中都会面临一个200人发展瓶颈。也就是说，随着公司业务的扩张，自然需要更多的人加入。可是当人员规模发展到200人时，公司业务开始出现滑坡，无法招募更多人才，甚至还出现裁员问题。

ZEALER 的创始人王自如在头条号上表示：200 人是个坎儿，上次卡在 200 人时，管理跟不上。经过一年半时间的沉淀，我们完全有信心驾驭 200 人以上的团队。有 200 人和管好 200 人有本质的区别。慢几步，深几度。

是什么支撑团队规模增长的？有人会说是公司业务量的增长。业务量的增长是原因还是结果？是人才规模扩张导致业务增长还是业务增长导致人才扩张？

我们来简单分析一下。

公司人数一多，成本就会剧增。只有业务量剧增，带来的收入才能保证公司人数稳定或缓慢增长。那么反之呢？让人数增加，期待业务量也随之增长？这种增长模式将人数和业务量直接建立强相关性，人才结构会出现极度不稳定的状态。这一种增长模式常常发生在渠道销售型的公司。他们习惯性地通过不断的人员扩张来推动销售渠道的扩张。但是人才流动性也表现得特别剧烈。这种扩张就像在给人才队伍吹泡泡，一旦被某个危机事件捅破，人才就会大面积流失。

导致公司业务增长的变量太多，不应该让这么多变量与人才的稳定性有直接的强相关性。

那么，还有什么更稳定的因素来支撑人才扩张呢？

本篇提出三个关键词来回答这个问题：系统、信念、价值观。

系统

得到《精英日课》主理人万维刚在一篇讲足球的文章中提到，足球是一个团队项目，要靠传球和跑位，而不是个人的任性发挥。踢球时形成一个系统，每个球员都只是系统的一员。在传球网络中，意大利队依靠一名传球核心，西班牙队有四名传球核心。意大利队是一个中心化网络结构，西班牙队是一个去中心化的网络结构。对英超联赛的研究结果表明：去中心化网络结构相对于中心化网络结构有 8% 的得分优势。

对团队来说，有一个东西比领导力更重要。明星和团队的关系应该由这个东西决定。高水平的团队不应该指望什么领导力，而应该致力于建设这个东西。这个东西就是系统。

好的系统应该有自组织能力，最好是去中心化的。雷·达里奥在《原则》里也提到，桥水公司不讲领导力，更不讲个人魅力，它的所有领导都像普通员工一样是可以替换的。靠原则就是靠系统。

信念

莱特兄弟发明飞机时，几百公里外有一个更出名的发明飞机的团队：塞缪尔·皮尔庞特·兰利团队。《纽约时报》一直在跟踪报道兰利的进展。莱特兄弟的飞机试飞成功后，《纽约时报》根本没有报道。然而，就是这么一个默默无闻的小团队，最终名垂青史。后来有人分析兰利团队，觉得他们发明飞机的动机不纯，只是为了成名，为了发财。事实上，当莱特兄弟发明的飞机试飞成功后，兰利就选择辞职。而莱特兄弟却始终信念如一，期待用飞机改变世界的发展进程，期待人们的生活方式因此发生极大的变化。对他们而言，追求这个信念要比追求荣誉和金钱重要得多。正是因为如此，才吸引一群和他们信念相同的人加入。而在豪华的兰利团队，那些只是想赚钱的人看到没有希望，早就选择离开。

优秀的人才不是为你的产品打工，而是为你的信念打工。

价值观

小米上市的宣传片里不断传递着一个价值观口号：始终坚持生产“感动人心，价格厚道”的好产品。“感动人心，价格厚道”这个口号在具体的产品上得到体现。比如相同品质的空气过滤器，其他公司的市场价定为3000多元，而小米定价899元。利润空间一定是被压缩了。

性价比高是厚道的表现。厚道的企业，用户对它的评价不会太差。

企业价值观就是一道隐形的人才召集令。靠用户的反馈给企业背书，能吸引价值观相同的优秀人才聚集。价值观能否在公司业务的每一个环节实操起来，决定能否留住人才。价值观只有真正地发挥出来，才是真正的价值。

抽象的价值观存在风险。一旦实操时出现价值背离，就会使人产生对企业的不信任感。如果小米在产品性价比上爆出黑料的话（比如明明利润很高，却偏偏说成薄利），面临的就不仅仅是产品危机，而是人才危机。

公司从小规模到大规模，一旦量级发生变化，就要考验公司真正的支撑力。我的思考总结成一句话就是：人才发挥靠系统，人才聚集靠信念，归属价值讲实操。

第五章

每个人都会成长，问题是成为更好的自己还是更差的自己

时间就像常规资源一样，消耗资源的过程中，总会感觉资源不够用。然而，产出又是痛苦的。没有产出习惯的人，让他硬生生输出点什么比让他碎片式学习更痛苦。

那么还有什么可以做的事情，能让时间过得既快又不枯燥，既不痛苦，还有点意义呢？

成为更好的自己

不选择会不会是最好的安排？

雄安新区的战略定位一经发布，全社会都跟着沸腾。在一些人看来，只是多一个新区而已，到建成似乎还是一件遥不可及的事，和自己没多大关系。而一些炒房上瘾的人则慌忙挤过去想蹭一个占位优势。一个消息冲击之下，一些人眉开眼笑，一些人忧心忡忡。

网上传过这么一个段子：

2017 年度最悲惨小说：雄县一中高考状元考上北京大学，毕业后进入央企，经过多年奋斗加上借亲戚的钱以及卖掉老家 600 平方米的大院子，于 3 月 26 日付了 50 平方米北京商住房的首付，昨天接到单位通知：企业整体迁入雄安新区……

虽说是段子，可是看过的人却相信这事真的发生过。谁也无法预料，我们费尽心思离开的地方却是其他人费尽心思想挤进去的地方，而想再回去却得挤破头。

政策风险，这一短时间内被认为最不可能发生的风险，可以“瞬间”冷不防地发生。当然，这么大的政策肯定会走漏消息。的确，早就有小道消息在传。对于我们普通人来说，对信息的先知先觉肯定是做不到的。

就算有人在耳边喊着消息，大部分人也不愿意相信。只有那些离核心决策层最近的人才能发动先发优势，从而实现一轮自私的投机运动。

常言道：千金难买早知道。不是因为风险的未知性，而是因为信息的不对称性。从这点论起来，倘若信息流是一个实在的可评估的指标，那么尽量补全信息流是否就能做出最有利的判断呢？

提出这个问题时就在预设一个前提动机——我要做选择。

这段时间，身边很多朋友开始喜欢和我探讨重新择业的事，大概经济现状、政策波动性让他们隐约感到危机。另外，入行时间久了，对工作和个人价值、兴趣的匹配度有更深的认识，也会使人产生重新择业的想法。我一直认为，一旦有做选择的念头，其实就已经做了选择。那么，信息流也就开始出现不平衡状态。

为什么这么说呢？比如在岔路口有 A、B 路线时，当开始思考要做选择时，说明现实情况让我们没有不做选择的权利。这是很为难的，倘若一直没有岔路出现，那么自然也不用费心去做最佳判断。

切回到重新择业的事。一年前，我做了重新择业的选择，事实上这个选择几年前就开始酝酿。在确定之前，和大多数人一样，我也是反反复复地在做最佳判断，直到认为时机成熟、条件具备。这个反反复复的过程就是在补全信息。比如开始多方打听拜访，出门走走看看，期待获得更全面的信息帮我做出最佳判断。然而我发现，信息是无穷无尽的，何况我们分拣信息时具有不可避免的主观性。比如，明明沿街“满目疮痍”，却止不住也要开家店。

在我曾经的行业圈，动心思重新择业的人也不少，只是当大多数人还在犹豫时，我先跳了出来。回望过去，犹豫的人依然在犹豫。这种犹豫的过程似乎就是等着做最佳判断。行业越来越不景气，诸多问题开始显现，慢慢一些人觉得到了非做选择不可的时候。圈内很多人说，别傻了，熬着，等政策下来。

当我还是他们中的一员时，感觉等政策是一件非常值得的事。这种思维逻辑就是用时间来换信息。政策信息从发布到接收的周期有时是很漫长的。信息从接收到最终确认又是一个漫长的周期。越是离决策层远的人，付出的时间代价越大。但大多数人并不觉得自己的时间成本是巨大的。因为在交换过程中，很少有人意识到信息的不对称性已经让判断风险显著加大。

我们设想一个场景：当一个 30 岁的年轻人，例如李雷，隐约感觉自己的行业开始处于衰退期，于是动了心思想重新择业。可是在有限的信息环境下，李雷认为最好等到确定政策信息后再做判断。我们设想政策信息从发布到接收再到最终确认的周期是两年，那么在这两年时间里，越靠近信息发布源的人越有可能做最有利于自己的判断和行动。这种信息的扩散率大概会呈现下图所示。

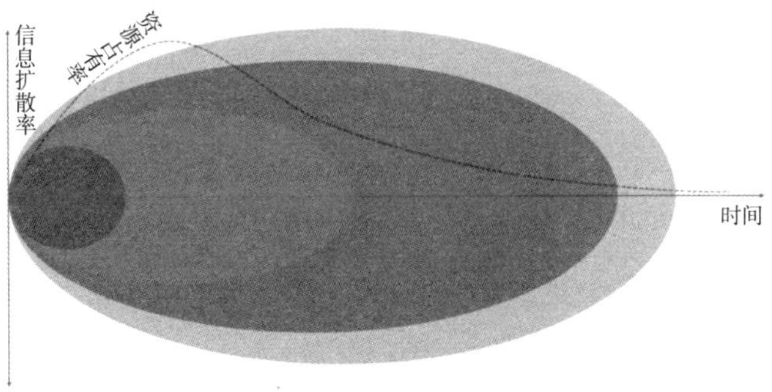

信息扩散率和时间关系

李雷失去两年的布局时间。如果资源在一定范围内是有限分配的话，那么资源在这两年里已经被先行动的人占有。他此时做的最佳判断，参考的不再是两年前的人，而是之后的人。而在资源的分配规律中，越是靠前的人占有越多，后面越来越少，呈现所谓的长尾现象。

这就是信息不对称性带来的最佳判断的时间损失代价。

在上面这个场景中，其实有一个前提假设，政策信息是“改革性质”的。不排除有时为了维稳的需要只做一些维持现状的政策发布，也就发生我们所谓的政策期待落空的情景，而这样也就不存在资源再分配。那么，李雷重新择业的心思并不会因为这个政策而有所改变。倘若他一直坚信最佳判断一定要等待信息确认后做出，那么他会选择继续维持现状，直到下次改革性质的政策信息出现。这样从始至终，李雷其实并没有做选择。

可是我前面说到，一旦有做选择的念头时，其实就已经做了选择。在这个场景中，李雷所做的选择是什么呢？他选择否定一条提前改变的道路。

在前面那张信息扩散图中我们可以看到，如果李雷在信息确认前的最初两年就做出行动的话，他就能在资源再分配时提早两年占据先机。而这个行动方案其实就是在他动重新择业心思时就已经出现的备选方案（Plan B）。当他把关注度过多放在政策信息的传递上时，就会不自觉地忽视 Plan B 的行动布局。倘若他把关注度重点放在 Plan B 上，那么十有八九会在恰当的时候跳出原来的圈子。因为他在动心思时设定的方向就是 Plan B，结果也就理所当然。

这里存在一个悖论，就是在信息确认前资源到底是否存在，谁又知道资源在哪里？就好比政策要下岗分流，企业会给予下岗员工一笔工龄买断钱。在政策没有确认前提前辞职，不就没有这笔钱了吗？而熬到这笔钱后再自然而然地选择分流不是更好？可在政策确定前，如何能确认会有这笔钱存在呢？

我想，信息流是一个从根本上不可估的指标。任何想补全它的做法都是做无用功。如同未来本来是不可预知的，试图去预知未来在一定程度上是徒劳的。

面对选择时，其实已经做出选择。人在岔路口一旦选择A、B路线时，潜在地就已经否定C、D、E等路线。试图通过补全信息的办法来做出最佳判断的策略已经是后知后觉的行为。那么，不选择会不会是最好的安排？既不用费心做最佳判断，也不用因事后对比而懊悔不已。

得到订阅专栏作者吴军曾在专栏中发文《选择越少越幸福》。他认为，有时候没得选反而更容易让人获得成功和幸福。文章从个人发展、商业模式和企业管理三个方面论述了不选择的智慧。有兴趣的读者可以找来看看。在他看来，从个人发展来看，似乎可以鼓励一种认命的态度。在商业模式和企业管理上，利用不选择的思维给用户或者员工更幸福的体验。

吴军认为，不给选择虽然不能让所有员工满意，但没必要让所有人都满意，太多的选择反而费力不讨好。

这种不选择观点总是在我和朋友为某个选择探讨好久之后，当发现对方倾向于不想提前改变时，被我不自觉地抛出来。在我看来，当他开始做选择时，其实已经做出选择，而我只是在确认他的选择之后说出他想听到的话。

但是，谁能预料呢？或许哪一天他就突然改变。但我能确定的是，他一定不是在和我探讨时产生的改变。

你离焦点人物只差一个“冲突”的距离

参加一场产品发布会，你的关注点总是集中在那个“独孤求败”的主讲人身上；参加一个商业论坛，你意识到与会焦点人物侃侃而谈却又针锋相对；录制一场嘉宾节目，那些争议人物总是剥夺你的光芒。如果你有心总结这些焦点人物的表现，就会发现，他们都很会利用“冲突”这个工具。

冲突（Conflict）是一种典型的矛盾表现形式。只要是存在矛盾的地方，就有可能产生冲突。矛盾既然无时不在、无处不在，那么冲突也会随时随地发生。冲突在通常情况下会带给人负面情绪，尤其是冲突发展到对抗状态，就会引发实质性的斗争。在“以和为贵”的文化氛围中，大家往往会回避冲突。似乎冲突是个不好的事物，哪怕对微小的冲突，人们也会谨小慎微地处理。在这种认知模式下，就很难体会到可以利用冲突，甚至通过操控冲突来达成目的。

认知性冲突和情绪性冲突

可被利用的冲突可以分为两类：认知性冲突和情绪性冲突。认知性冲突，就是在逻辑因果上的认知发生矛盾。比如，在一个常识性问题上得出一个反常识的结论。电影《功夫》中有一个看起来弱不禁风的小子，站起来却强壮有力。优秀的演讲者特别喜欢用认知性冲突来吸引观众，点燃情绪。这类金句在马云的演讲中不胜枚举，比如“今天很残酷，明天更残酷，后天会很美好，但绝大多数人死在明天晚上”。

马云说：“今天到北大演讲心里特别激动。我一直把北大的学子当作我的偶像，一直考却考不进。所以我想，如果有一天，我一定要到北大当老师。”

情绪性冲突指的是情绪上的对抗或者反差。喜剧演员就热衷利用情绪上的冲突。在把包袱甩出来后，看着观众大笑，他却故作惊讶，他刻意的情绪反差使观众笑得更开心。

留心这类冲突的存在，它们经常会在演讲、谈判、小说、电影中出现。当识别出这类冲突的存在之后，你能感受到的就不再仅仅是冲突的效果，而是冲突背后的设计过程。当你和一个懂得冲突魔力的人互动交流时，其实正在被他引入一个精心设计的冲突圈套。

美国作者芭芭拉·明托在她的《金字塔原理》中提到：一个问题吸引别人兴趣的关键在于冲突设计。

人类大脑对冲突信号有着天然的敏感度，大脑的不同分区负责冲突的检测、冲突的解决、冲突的控制。从精神分析的角度看，冲突是使人类心灵产生疾病的原因。既然日常生活中人们会产生大量冲突，岂不是很多人会患有心理疾病？这显然不合常理，大脑有一套复杂的面对冲突的反应机制。有研究表明，大脑的冲突解决机制能有效减少人们的焦虑和矛盾，帮助提高生活效率。

优秀的小说家、演讲家，你心中的焦点人物都在有意无意地制造冲突信号，这些冲突信号深深地俘获你的关注度。

如果要让别人对你提出的观点感兴趣，就一定要用讲故事的方法来引出你的观点，而这种讲故事的方法就是SCQ法。SCQ法就是利用大脑对事实产生的冲突带来的这种好奇心激励我们读下去。

——《金字塔原理》

明白了冲突有时候还有这般魔力，那我们又该如何像焦点人物那样设计冲突呢?

设计冲突

在学会设计冲突之前，先得清楚自己在什么情况下会刻意去设计冲突。

1. 吸引注意力，引起重视。

2. 激起对方情绪波动。

3. 挑拨对方内部或自我斗争，使其顾此失彼。

比如演讲开场时，制造冲突，让昏昏欲睡的听众精神一振；比如追女孩时，碰到一个“冰霜女神”，故意用情绪冲突创造调情的机会；比如在谈判中猛然间指出对方前后论述的矛盾，或者突然爆出和对方冲突的事实论据，让对方自相矛盾而无心再战。

当明白处境，并且做好利用冲突魔力的准备时，就可以放出冲突的信号。这里引用几个小故事，推荐几个设计冲突的方法。

针对认知性冲突，可以这么设计

克制反应

德国著名诗人歌德在公园里散步，与一位批评家在一条仅能容一人通过的小路上相遇。批评家说：“我从来不给蠢货让路。”歌德笑着退到路边说：“我恰恰相反。”

制造不确定性

某富翁娶妻，有三个人选，富翁给三个女孩各 1000 元，请她们把房间装满。女孩 A 买了很多棉花，装满房间的 1/2。女孩 B 买了很多气球，装满房间的 3/4。女孩 C 买了蜡烛，让光充满房间。最终，富翁选了胸部最大的那个女孩。

出错

乞丐到小王家乞讨，小王给了乞丐 10 块，第二天乞丐又去，小王又给了乞丐 10 块，这种情况持续两年。有一天，小王只给了 5 块，乞丐说，以前给 10 块，怎么现在给 5 块？小王说他结婚了。乞丐一巴掌打过去说，你竟拿我的钱去养你老婆？

分配注意力

夫妻逛商场，妻子看中一套高档餐具，坚持要买，丈夫嫌贵，不肯掏钱。导购一看，悄悄对丈夫说了句话，丈夫一听马上掏钱。是什么让他立马转变态度？原来导购员对丈夫说：“这么贵的餐具，你太太是不会舍得让你洗碗的。”

针对情绪性冲突，可以这么设计

无关的情绪刺激和干扰

参见各种言情小说和电影中男追女、女追男的片段。

使强烈相反的情绪同时存在

参见各类喜剧大师对笑点的设计。

学会利用冲突的魔力能让你成为焦点人物。通过识别冲突和冲突设计，能够让你更好地利用冲突。如果你觉得有用，不妨试试释放冲突的魔力。

思考是一种能力，哪怕被嘲笑和质疑

当网络上开始爆出很多热点，很多人便追着热点开始发表评论。有些常规热点也经常被拿出来炒，比如某个营销事件把北京的生存状态炒了一遍，朋友圈的各种论调便泛滥开来。

追热点，唤起一定范围内的情感共鸣。我本能地也有冲动去写点什么，可是感觉这些热点离自己太远，硬扯会不会讨人嫌呢?

我在犹豫中错过热点的时效性，猛然间想再抓住点什么，可是很快下一个热点又爆炸。匆忙地追热点，真心累。

索性不去理会。

可是一不小心就掉进自己的洞穴，回避和世界产生连接，这个过程拖得越久越难以走出洞穴。

在洞穴里会引发懒癌。不是行动上的懒，而是不勤奋思考。

没有思考就不会有主动的学习输入和可用来更新的信息输出。这种思考，我把它称之为“求知性思考”。

有时听到身边有人这么评价我：你这人太喜欢思考，想得太多，请问思考这么多有什么意义呢?

其实很简单，就是不想把自己的认知能力拉到和他们一样的水平。

有一段时间，我总会被这些评价影响，并习惯性地反省自己。我为何总是一副思考的状态呢？思考这么多有意义吗？我很苦恼。

慢慢地我开始发现：思考是一种能力，一种可以被培养的能力。

思考是一种可以被培养的能力

这种能力一开始很弱，会产生各种发散性的胡思乱想。和人交流起来，话题天马行空。有些自认为世故者开始挑战：你想得太不着边际，有什么意义？

后来，这种能力变强，会就某个领域某个问题表现得更聚焦，在和人交流时会提出一些新的认知角度和启发性的想法。身边开始有欣赏的声音：你这个想法好，挺有趣的。那些自认为世故者仍然会说："一些茶余饭后的谈资有什么意义？和你的工作有相关性吗？"

再后来，思考能力已经可以持续地转化为某些有价值的东西，如做行业判断或开始做职业大调整。跳槽，脱离原来的圈子。回望过去，那些自认为世故者原来都是井底之蛙。

显然，很多人面对一个爱好思考者，只会简单地判断他当前的思考能力，而不会看到他思考能力的增长趋势。

但是，这种思考能力不断增长的过程是很不稳定的，会不断产生自我怀疑。

对很多问题，我们一开始总会天真地认为在洞穴里苦思冥想就能找到答案，想得越多就越感觉快要找到答案。殊不知，在洞穴外面，早就有人替你想好。认识到自己的无知是思考能力快速启动和提升的分水岭。有段时间我开始感知自己思考得太多太苍白。但凡我能想到的，已经有人想得更加全面、更加系统。做这种从 0 到 1 的求索思考很没意义。

吾尝终日不食，终夜不寝，以思，无益，不如学也。

——《论语·卫灵公》

这种对自我思考无用论的怀疑，必然需要通过不断的学习来修正。思考能力的培养需要方向性的引导，这个方向性就是学习。

学习刘润《五分钟商学院》的人都知道，每篇文章开篇都是“前人的思考，我们的阶梯”，文章后面都是概念性的提炼和再度加工。如果说对前人思考的消化吸收是一种知识储备的弯道超车，那么思考能力提升的关键就在于再度加工，也就是需要置入自己的思考过程。一味地照搬“前人的思考”，思考能力就得不到训练，就很难产生适应新形势的新认知。

思考能力是需要不断和外界碰撞产生反馈迭代的。之所以要走出洞穴、连接世界，就是因为世界会持续提供反馈，促进思考能力的提升，即使遭受各种质疑也是必要的。

对思考者来说，最大的质疑无疑就是“想得多，做得少”。在我思考能力很弱的时候，经常会有人这样说我。

这种质疑听上去很有道理，却是一种静态的质疑。质疑的人没有意识到思考能力是一个动态的、随时可以被转化的过程。

有价值的行动区别于那些盲动的行动是思考引发的结果。空想的人会经常遭遇质疑甚至打击，随着思考能力的提升，我逐渐意识到行动的价值。

有趣的是，这些人看我真行动却不适应。再后来，我的行动力开始表现得比他们预期的要彻底很多。于是，我就听不到这种关于“想”和“做”的质疑声音。

我离开他们，去了一个新的环境。在新的圈子里，我又开始面对有关“想”和“做”的质疑声音。这些人和我之前碰到的那些人没有多大区别。正是有他们的存在，才给我的思考能力提供一个反馈的环境。

新环境下的反馈会发生分歧和变化，而这正是思考能力提升的又一次机会。

说了这么多，可以交代一下前面提出的顾虑。既然要和世界连接，就不要掉进洞穴，要勇敢地去追逐热点，在追逐过程中提供自己有价值的思考。至于会不会讨人嫌，有什么关系呢？

|候机的时间里，你在做什么？|

候机时，你会做什么？

空姐开始按计数器，她看起来有些疲倦。我坐下来看看手表，已经凌晨1点钟，本来应该晚上7点起飞的航班延误6个小时。

飞机上的乘客陆续放好行李坐下来，看上去却都不疲倦，不远处还有小孩子在嬉闹。可能大家已经接受延误的事实，并开始庆幸终于能起飞。

灯光暗下来时，很快就听到鼾声。

乘飞机出行极易受天气影响。当飞机被迫延误时，只能干等着，免不了各种抱怨。

对于那些行色匆匆的职场人来说，被迫滞留机场其实未必是件坏事。比如，分割出来一段难得的间隙时间。然而，大多数人却表现得无所适从。

等待期间，我找到一个有电源插座的地方坐下，翻了翻朋友圈，看看某个政治群里的各种争论，没有参与讨论的兴致，又不觉得疲倦，就看着候机厅发呆，时间像是静止了。

等回过神来，地勤人员已经开始发水、饼干还有毛毯。我领了一份，然后吃了一块干瘪的饼干，发现大家开始裹着毛毯躺在椅子上试图入睡。

一个裹着毛毯的大妈过来寻找电源插座，发现我这边的已经被占满，又去其他地方寻找。

飞机无法准点起飞，拖延得久了，航空公司比我们都着急，他们正想尽办法努力降低这趟班次的损失。地勤人员得面对一拨又一拨过来询问航班最新状况的人，态度过激还会引来围观和争执。

空乘的态度比之于其他交通出行方式（比如高铁）的服务人员要好很多，会周到地发水、晚餐和毛毯，但以剥夺大家的时间为代价。

时间，总是最宝贵的资源。

这段被生生分割的时间里，大多数人无聊地刷手机、睡觉、打游戏、玩扑克、看视频，强迫大脑放空，希望快点把时间消耗掉。

无聊地打发时间，时间会越过越慢。

应该做点什么有意义的事呢？读一本书，看一段教程，处理一下之前拖了很久的待办事项。比如，把有道、笔记里收藏的文章都耐心地读一遍，把之前准备学而未学的视频课程看一遍，把放在行李箱里未读完的书啃完……

输入式学习，碎片式学习，在这段枯燥的等待时间里，似乎有点煎熬。关于输入式学习的枯燥，之前我写过的一篇文章《别把输入式学习当信条，你需要换一种思路了》中有介绍。本来输入式学习的体验就不好，何况是在有点无奈的等待期间，想必更难持久。

那还能做些什么呢？集中产出。比如写一篇文章，完成一篇手绘手稿，构思某档广告文案，或者来一档直播教程。

产出的过程中，感觉时间总是过得很快。时间就像常规资源一样，消耗资源的过程中，总会感觉资源不够用。然而，产出又是痛苦的。没有产出习惯的人，让他硬生生输出点什么比让他碎片式学习更痛苦。

那么还有什么可以做的事情，能让时间过得既快又不枯燥，既不痛苦，还有点意义呢？

做一些和这个世界连接的决定和尝试。和世界连接，在这个互联网时代已变得非常容易。刷刷朋友圈，点个赞；浏览头条号，发个评论；刷 B 站，抢着爆各种好玩的弹幕。诸如这样的连接，大众早已司空见惯。但另一些领域的连接尽管不为大众所熟知，却正在高频率发生着。比如，在深夜延误候机的人群里，有人开始买入或卖出美股、比特币。美股的交易时间正好在午夜，而比特币交易不限时间。

在分割的时间里，困守在安全隔离的机场，可以享受互联网时代带来的更多维的连接机会。许多连接机会的领域是陌生的，因此我们害怕尝试。人对陌生领域总是好奇的，只是好奇之后，有没有想去尝试行动的冲动。

在枯燥的等待时间里，倘若能带着和世界连接的好奇感去接触和尝试了解一个新的事物，那将会很有意思。

或者，尝试和身边的陌生人聊天，这也是一次连接的机会。或许你会认识一个新朋友。

凌晨 3 点半，飞机落地。我打开手机，看看登机前购买的莱特币行情，几个小时就跌了 1000 多。果然，这个东西挺危险的。

可是某天，我忽然惊奇地意识到，我竟然可以在朋友们面前侃侃而谈比特币、莱特币、以太币和以太经典的区别。

从那次飞机延误之后，数字货币对我而言不再遥远。谁能预料，从这个小的改变开始，接下来会发生什么呢?

|这个时代的工作，其实早已不再仅仅靠自律|

有一个紧急但是不那么重要的任务：从库房里的10万种产品中挑出满足某个项目需求的3000个样品。这真是一件说大不大、说小不小的任务，但是听上去一定是机械的、枯燥的。

对于这类工作，领导总会不经思考地将其转移给员工去做。作为员工，接过一份包含10万种产品的表单后会怎么做？

看项目需求，看心情。

心情好，就做得认真一点；心情不好，随意挑选3000个样品出来也费不了多少时间。领导对表单大概率是不会太在意的，粗略地看看就通过，他需要做对他而言更紧急、更重要的任务。

这项看起来机械、枯燥的选单任务，最后这样随便处理一下就交付了。

整个过程其实并没有人来监督，唯有员工自己。

如果碰到任务回溯的极端情况，比如项目验收时发现某类不应该出现的样品，从而耽误整个验收的顺利完结，那么员工责无旁贷。

然而，这种极端情况发生的概率很小。那么，在这种概率很小的情况下，怎么才能保证员工做好这类机械性工作呢？

期待员工自律还是激励员工产生价值动机？

市面上在这两个方面都有一堆书籍。一类强调对员工的培训，激励员工自律，努力工作等；一类侧重突出员工自身的价值，激发员工对工作本身的热情和对既有工作的使命感。

从福特汽车对用人思维的转变可以看到这两类方向的影子。早年福特汽车公司因为创立流水生产线使得整个汽车工业的生产变得尤其高效，整个过程通过流水线的方式“迫使”员工在固定的岗位上钉住。自律程度越高，生产流水线的速度越快。

我只想要每个人的一双手，他们却把脑袋也带来了。

——福特创始人亨利·福特

福特首创流水线生产方式，并使之成为世界工业主流的生产方式。但是单一品种、大批量生产的模式后来不再受推崇，福特关于如何管理员工的理念受到丰田的精益生产等日本管理模式的巨大冲击。精益生产理论强调人本主义，把员工的智慧和创造力视为企业的宝贵财富和未来发展的原动力。

如今的福特公司也开始重视员工的“现场经验与智慧”，强调“双手”的反思和改进。人不仅有肢体，而且有智慧和情感。“只想要每个人的一双手”会导致智慧的损失和士气的低落，结果可能连“一双手”也得不到。

从领导层级来看，没有一个领导能够预料和控制企业到事无巨细的程度。从层级的角度看，越是外在金字塔顶端的人越是远离现场，越是不清楚生产及顾客需求的细节。而最了解这些的人恰恰是那些整天在第一线工作的员工。

企业的真正改善需要一线人员的积极参与。

——长安福特自然工作小组（NWG）

从福特用人思维的发展变化来看，从期待靠员工本身的自律性完成机械任务过渡到重视员工个人积极性，其实道出了一个企业想要长期稳定发展的必然趋势——赋能个体。

企业在管理模式上的普遍问题在于内部结构过于稳定，缺少授权意识和魄力，无法激活个体价值形成价值共同体。

——北京大学国家发展研究院管理学教授陈春花

不仅仅是福特，企业赋能个体正逐步变成一种趋势，比如华为。陈春花教授曾指出华为增长强劲的重要原因在于其“不讲历史，只讲未来”，有着强烈的自我批判精神，敢于放下曾经的成功，用自我否定和自我颠覆让企业内部保持危机意识，让企业成为一个动态结构，充分激发出每个个体的活力和价值。

金蝶公司也一直努力推崇重视个体价值的文化。企业内部曾砸掉服务器、笔记本电脑、办公室，还砸掉象征领导层的老板椅。他们认为企业的每一个个体都是自己的老板，都需要对自己的工作负责，最大限度地发挥个体价值。

真正的工作，其实是那些最微小的个体做出来的。然而，大部分微小的个体却没有意识到这种工作的本质意义。他们认为面对集体、面对领导，自己的声音太微弱。

回到文首谈到的挑选3000个样品的任务，决定项目优劣的往往是一系列看起来机械、枯燥，似乎无关紧要的小任务。领导只是粗略看看样品列表，或许就错过某些产品组合的商业机会。而只有做这类机械、枯燥工作的员工才能提供最真实有效的信息。

员工不用心，领导忽视细节，结果整个团队都会错失发展机会。

对个体价值的推崇和认可绝不能仅仅期待个体自律来实现。自律是员工的自我要求，而赋能则是领导要去做的事。

如今在互联网背景下，个体的价值更容易得到重视和充分发掘。

再小的个体也有自己的品牌。

——微信公众号的口号

马化腾曾谈到对个体价值的认识，“互联网 +”所触动的连接正在赋能于人，赋能于最微小的个体。当大量的个体相连，他们可能会具备超越个体本身的能力——不仅可以形成自己的个体品牌，还可以通过连接形成自组织，产生各种形态的经济活动。作为最贴近市场的单位和社会经济的毛细血管，个体可以敏锐地感知用户的需求变化并快速做出调整和创新。

这是个体被赋能后的新生态。认识到个体的工作价值后，放之于企业内部管理，就需要真正激活个体价值。

如果领导有如此期待，员工何尝不会变革自我，努力成为一个自驱动组织中的一员？

这考验领导和员工双方的思考力。

| 用时间循环的视角来促进自我成长 |

科幻电影中，有一种时间循环的梗经常被导演（编剧）采用。电影里刻画不同的巧合，让同一个人在同一时间里产生各种碰撞。然而，这些人其实已经经历各自不同的时间循环。无论主人公怎么改变，似乎都无法挣脱循环的宿命。

这种宿命的循环是编剧设定的一种超现实世界。比如，电影《恐怖游轮》用出租车（死神）这样的梗来圆这种超现实世界的逻辑。匈牙利电影《逃离循环》效仿相同的逻辑展开剧情，但没有用亡灵论一类的逻辑。西班牙电影《时空罪恶》同样设定了一个时间循环论。

在这些时间循环论中，三部电影表现出不同的主旋律，《恐怖游轮》表达一种自责的炼狱，《逃离循环》表达爱情女巫的爱情绑架，《时空罪恶》道出人性的三层罪恶且层层递进。

相同的梗诞生不同的电影主旨旋律。然而，无论电影朝着哪种方向发展，时间循环带来最大的变化还是保留循环记忆的男女主人公成长的变化。他们总会一开始惊恐，慢慢变得冷静、残暴或颓废。只要还有进行下次循环的勇气，他们最终还是会变得冷静克制。

一次循环就是一次自我迭代。

在循环中，只要保持上个循环的记忆，那么下个循环中就会变得比上一轮冷静很多（朝着情绪控制的方向演变）。这类时间循环电影选取人生的一个小片段，通过循环的过程让人在不断迭代中成长，变得冷静克制。这种变化在《逃离循环》中表现得尤其明显。参与多轮循环的亚当在对待安娜的感情时变得勇敢而有担当，他的爸爸最后吃惊地拍着他的肩膀说：你变了。

这种循环变化可以说是成长的捷径。相同的故事只需要循环几次，改变这种循环中不利的部分，人就成长了。

之所以说是捷径，是因为尽管每一次循环都会有一点点微小变化，但是总体经历和主旋律是一致的。也就是说，面对同一场景，无须有太多阅历，只需要微小的迭代就能实现人性的突破。

朝恶的方向还是善的方向取决于导演（编剧）对电影循环的设定，这是循环的出口（成长的质变点）。

从个人成长的角度，有两个关键点：1. 带着上一轮循环的记忆。2. 意识到循环规律。

如果没有上一轮循环的记忆，那么下一轮循环就还是新的，无法实现从量的迭代积累到质的突变过程。如果没有意识到循环规律，那么就无法产生打破循环的动机。

这类超现实世界的视角能否用到我们的现实世界中？

在现实世界是无法完全重现这种时间循环的。人无法在这种刻意的循环中快速成长起来。然而，生活中处处都会发生相似的情景，就像有时你会一而再再而三地犯同样的错误。这算不算一种循环呢？

一旦循环产生，你会不会有逃离循环的本能反应？

逃离循环的前提是打破循环的条件。比如，之前的无知、鲁莽、幼稚致使结果重现（或相似），倘若能提前感知潜在的后果，不再用无知、鲁莽、幼稚的方式来处理，就打破这种循环的前提设定。

打破一次前提设定，就实现一次自我迭代。这种过程建立在对后果的预判上。而这种预判的能力往往源于多次经验的积累和记忆。阅历很关键。

对过去的记忆非常重要。

迭代是一个非常有趣的过程。哪怕一点点进步，随着迭代次数的累积，也会带来跳跃式的变化。你似乎只需要等待。然而，在现实世界里，打破循环后，会朝哪个方向演化呢？

只需要对着镜子问一声，谁是你现实舞台的导演？

UP TO YOU！（由你做主！）

第六章

全民创业时代，你真的准备好了吗？

创业前，人们总会对自己说，等实现财务自由就上岸。这是对创业的一个很大的误解。游戏存在“通关”一说，创业却是没有“通关”一说的。游戏是游戏开发者早已设计好的，创业是自己和无常命运搏斗的过程，没有设计，也没有终点。

全民创业时代

你真的决定抛弃一切吗?

我在裸辞前给家里每一个人打过一通电话，他们已经无力说服我继续留在体制内，于是只能祝福我。此后我便知道，他们能给我的意见很少。因为我进入一个新的领域——创业。

我当然知道会创业有可能失败，但我给出的理由是：如果不去做，我连失败的经历都没有。许多年后，再回顾当年的冲动，内心依然会热情澎湃，但是也感到疑惑，那时我怎么会如此勇敢，明明注定是一条失败的路，为何还能义无反顾?

在做创业的决定时，我坚定地认为我是足够理性的。经过一圈实践，重新回到大公司体系后，我深刻地感受到理性是存在边界的。太多显性代价被过度思考，而隐性代价却一直在折磨我。

在得到的一期直播中，梁宁说创业者大概可以分成三类人：第一类人不想再被领导和制度管束，渴望放飞自我，但是并没有想好去做什么；第二类人想好创业的方向或者具体的产品雏形，开始召集人马准备干一番事业；第三类是稀缺人物，他们创业是打算做市场的清盘者。

如此一分类，创业者大概都不愿意被归为第一类人。然而，创业大军的主流正是第一类人。他们自认为已经做好最坏的打算，做好抛弃一切的打算。但是理性是存在边界的，在开始创业之前，任何思考都存在局限。赤脚过河的人一定会思考诸多过河的隐患，并自认为做足准备，却不曾想下水的那一刻就后悔了：水太凉，脚开始抽筋。

你认为准备好一切，却没有准备好第一步。在开始创业前，你有限的理解力根本无法预估损失。

创业过程如同玩一个没有通关剧本的游戏。不断地通关，只为得到下一个延迟满足的想象中的糖果。在通关过程中，太多不可控因素会影响打下一关的决心，想象中的糖果也在不断地变换着形状。中途选择退出，或者被提示game over（游戏结束）是大概率事件。

创业对大部分人来说，谈不上九死一生，因为刚想经历一下，就被自己叫停。创业大军中的大部分人还只是在岸边玩，跃跃欲试的，下水了又缩回去，最多游到浅水区打个水花就没影了。能玩到深水区的人，大概已经被媒体曝光认为是马上会成功的一类人。但他们无不心惊胆战，频频向媒体表达自己的焦虑，害怕下一个浪潮来袭时，还没来得及反抗就被击碎。

创业前，人们总会对自己说，等实现财务自由就上岸。这是对创业的一个很大的误解。游戏存在“通关”一说，创业却是没有“通关”一说的。游戏是游戏开发者早已设计好的，创业是自己和无常命运搏斗的过程，没有设计，也没有终点。

做一个简单的思维游戏。如果你设定创业成功的某个节点，如公司利润顺利超过5亿，当顺利达到这个节点时，你真的会彻底停下吗?

如果回答“会”，那么你是否在这个节点设定了很多阶段性的节点?比如利润超过50万、1000万、1亿、2亿……你选择在超过5亿的时候停下，那么可以推测你在利润超过1亿时也会考虑停下。如果不会，那么你为什么如此坚定地认为自己会在利润超过5亿时彻底停下?

一旦离岸，创业就是一条不归路。深水区的诱惑太大，那里聚集着太多闪光灯，你会迫不及待地想要游过去，有时就不那么顾及生和死。

创业是一种瘾，上瘾了，根本不会停下。有趣的是，你还意识不到这些：即便你安全着陆，或是重新回归上班族大营，也永远会处于等待下一次创业的煎熬中。有了第一次便无法停住不去想下一次。这分明就是一条前途未卜、没有回程的心路。你很难再长时间好好领一份薪水，给老板打工。你想要更多的自主权和主人翁感。你会变得比以往更加焦虑，甚至会诧异地发现自己开始频繁跳槽。

其实你想要的不是跳槽，而是开始下一段创业。频繁跳槽的代价是你的履历会被当成累赘，被 HR 弃之如敝履。然而你不会想到的是，这种结果是你当年决定创业的那一刻就酿成的。

你回不去了，正如一个做过特工的人无法回到普通人的生活中。

创业上瘾正是创业最大的隐形代价。

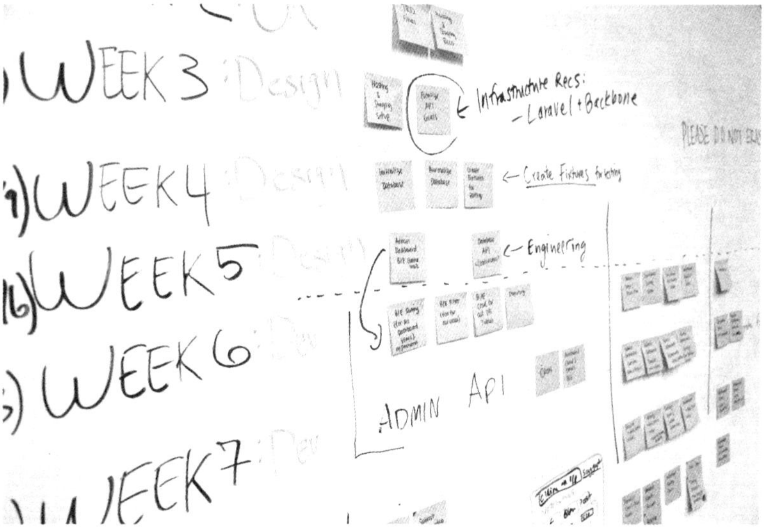

知道吗，创业也会上瘾

我如此焦虑，只为了赶上风口

2016年，我入驻一家众创空间。在“大众创业，万众创新”的大背景下，我辞掉央企的工作，决定赶上这次创业浪潮。我很清楚，完全是创业小白的我会被浪潮拍死。可是不被拍死一次，哪有经验面对下一次浪潮呢?

入驻时，我并没有真正想好具体要做的项目，只是被众创空间里的装修环境所吸引。大落地窗、咖啡厅、开放工位、培训室、路演厅、会议室、娱乐间，看上去就是众创空间该有的氛围。于是签订租约，准备先占一个坑，再思考可以做点什么。

这个众创空间刚刚建立，一切运营还处在萌芽阶段。只有零星的几家公司入驻，偌大的五层小楼空荡荡的。基础设施还没有完善，也没有引进创业项目孵化机制。可是当时，我这个创业“门外汉”误打误撞地闯进来，怎么能考虑到这些？想着既然是第一次试水，总是要承担些风险的。于是，风险果真来了。

这栋创业大楼是由政府出资建设，引入第三方团队运营的。由于持续运营惨淡，当地政府考虑收回运营权，由政府成立商业公司负责运营。既然政府自己运营，还是要做点大动作的，比如申报一个市级众创空间的牌子，以此来吸引企业入驻。

申报工作可谓风风火火，楼上楼下各种整改装修，一时间不知道哪里涌进来这么多创业团队、创业公司。装修人员把一块块公司牌子张贴起来。我所在的一楼可谓变动最大，开放的大厅被取缔了，我的开放办公室连同旁边的开放办公室被分割为创业导师室、创业洽谈室等功能区。

一切要以市级众创空间该有的规模来建设。由于装修动静太大，我被迫搬到三楼。从一个开放的办公区变成一个带门的独立办公室。工位也多了几个，还配备一个洽谈小桌，有点升级的感觉。

一开始，我是欢迎这些变化的。自打我入驻，这家众创空间就一直没有引入新公司或团队。有限的几家公司也都相对隔绝，没有任何互动或交流，原来的大楼运营方也无心经营。如果申报市级众创空间成功，或许真能给这里带来新的活力，而我正好能赶上这个发展势头。

在独立的办公空间里，我开始启动我的项目。因为项目大多需要在外面接洽，我很少有来办公室的必要。创业大楼里到处都在装修，那些公用的培训室、路演厅以前都是房门紧闭，现在打开，里面依然是空无一人。三楼办公室里的 Wifi 时好时坏，我想做一些文档处理工作，也变得不那么便捷。虽然我的是独立办公室，但办公室内部也要配合统一装修，如安置几台水晶宣传板，配合做一些张贴宣传，等等。

我期待市级众创空间能顺利申请下来，期待这栋大楼马上热闹起来。那么我会认识很多热血的创业者，很多资深的创业导师。或许我的合伙人、投资人都会出现。

然而，我失望了。

装修任务红红火火地完成了。很快，市级众创空间也顺利申请下来，可是这栋大楼依然没有人气。

但这里成了形象工程的窗口，领导们免不了会过来参观。于是运营方得配合把众创空间打造出一幅“繁忙热闹”的景象。由于我长期不来办公室，门锁着，和周围的“热闹”有些违和，于是运营方总会要求我尽量赶过去：××× 领导今天下午会来参观。

本以为随着创业大楼申报市级众创空间成功，能有机会借势融入风风火火的创业熔炉，结果却是多了一项不相干的新任务：配合领导过来参观。这种体制内迎合的做法，让一个刚从体制里出来的人感到无奈。

一开始我是愿意配合的，可是后来发现领导的参观时间总没个准，就算赶上领导参观，似乎也根本不会想到我的办公室来。于是，我一次次地赶过去，想借机宣传我的公司、我的项目，却根本得不到和领导们合影的机会。

领导们的参观并没有带来更多的人气，众创空间还是空荡荡的。慢慢地，我就很少去办公室。我看不到这家众创空间火起来的希望。对那些流量的导入，信息交互的燃点已然不再期待。我想退出，从入驻众创空间到想退出，持续不到半年的时间。

2011 年百度世界大会上，当时还是金山软件公司董事长的雷军在会议现场谈自己的体会时说：创业能否成功要靠命。他进一步解释，所谓命，就是在合适的时间做合适的事。创业者需要花大量时间去思考如何找到能让猪飞起来的台风口，只要在台风口，稍微长一个小的翅膀，就能飞得更高。

当互联网圈都在热议风口猪会飞的话题时，已经是小米创始人的雷军，2014 年在微博上发言：**只要站在风口，猪也能飞起来**。问题来了，没有风的时候怎么办？

我带着赶往风口的想法入驻众创空间。然而，我等待的风口一直没有出现。

在决定退出前，我和这家空间的运营负责人长谈了一次。他向我讲述政府运营的种种不易，周边地区发展的诸多不顺，空间运营方给予的帮扶能力有限。他说，我所期待的那种创业空间可能只会出现在超一线城市。我不无伤感和遗憾，决定不再等待，及时退出，控制一下沉没成本。

我给我的合伙人发微信，他在另一个城市。

我以为我能赶上这个地方发展的风口，看来好运气并没有光顾。

他很快回复：

每个地方都有圈子，你没能进入他们的圈子。下次考虑南方的市场环境吧。

他这句话让我似有所悟。关于创业，不仅仅有风口，还有圈子。就在我写这篇文章时，我们正好又谈起风口。

他问：你选行业的标准是什么？

我说：风口。

他回复：我觉得风口不是我们这样的人可以赶得上的。譬如，说到风投，没人会把钱投给我们。我们的想法很难让别人对我们一掷千金。任何能拉来的风投，都不是因为大家口口相传。

或许他是对的。我追赶的风口是吹给别人的。

写在最后

入驻众创空间还有很多其他体会。譬如，对于出租合约要考虑出租主体方的变更问题，创业各种政策性扶持的可持续性问题，创业项目的孵化和产出问题；等等。可是写得太多，就成流水账了。

对于一个冒冒失失闯入创业浪潮的年轻人来说，这些经历都是令人惊喜的。对于没有行动的人来说，所有的故事都只是别人的故事。

与其在盐碱地种庄稼，不如在台风口放风筝。

——雷军

开始好好谈股权，不要掉进这样的坑

创业初期，原始的伙伴经常是熟人、同学、朋友，搭班子时大家都不太好意思去谈股权。就算有过考虑，也没有引起足够重视，甚至口头约定了事。殊不知，股权的不合理会给公司带来非常大的安全隐患。

股权就是最原始的利益分配。通过股权能清晰了解创业团队的利益格局和治理水平。在某种程度上，股权代表着原始的创业基因。股权问题处理不好，原始团队就会产生矛盾，再好的产品、技术与运营都会功亏一篑。

真格基金创始人徐小平坦言：创业的基础有两个，一个是团队，一个是股权结构。股权结构不合理，公司一定做不成。如在肉夹馍和“互联网+”的模式下诞生的西少爷品牌，创立之初设定了334的股权结构，最终演变成合伙人之间的诉讼。

创业之初，首先应该谈的就是股权问题。明确股权分配是创业伙伴搭建之初最纯洁、最核心的议题。不然，抱着一个隐藏的炸弹，注定演绎一段“中国散伙人”的创业故事。

关于股权，一个有格局的创业者还需要具备如下三点认知。

不要平分股权，也不要独大

熟人合伙创业，一开始看不出彼此的能量，习惯性地倾向于平分股权，似乎这样最不伤和气。但这样的股权结构说明一件事：这个团队没有领袖。没有领袖的团队，一旦产生分歧，会大大内耗精力和资源。

在大公司生态里，平行部门之间，基于各自部门角度思考，经常会在某个议题上发生激烈争吵。如果最终无法达成妥协，必然要往上汇报，让上级来决策。决策结果是需要下级无条件执行的。试想，如果上级出差，那么下面人的争吵要么加剧，要么搁置。大公司有本钱，耗得起，而创业公司却是朝夕必争。

创业，每天都要面对极大的不确定性，不知道下一步该怎么走，创始人的意见大概率会不一致。这时必须有一个人是领袖，否则寸步难行。

有意识地确立一个创始团队的领袖人物，就是为了避免未来的决策拖延。如果没有这个人存在，说明创业团队还是幼稚的、脆弱的。

但同时，这个领袖的股权不能独大。因为当今市场竞争下，一个人创业是远远不够的，必须要有合伙人。独大是什么意思呢？比如，三人创业，你占 98%，另外两个人各占 1%，这说明另两个人不算真正的合伙人。你怎么会找比你弱 98 倍的人一起合伙创业呢？为什么不去吸引更强大的合伙人一起创业呢？避免独大是你对团队建设的格局思考。团队第一股东至少需要 50% 的股份，第二股东至少需要 10% 的股份。

不要总想主导公司，要勇敢把股权让出去

当你有创业计划并开始组建创业团队时，想必认为自己就应该是团队领袖。这是一个很大的创业认知误区。如果你属于上一篇中说的创业第一类人，渴望自由发挥的你不愿意在自己创立的公司里被另一个人领导。

如果你看好未来的事业，为什么不去选一个综合能力比你强的人来做创业团队领袖呢？切勿让自己的能力水平代表你的创业公司水平，那样会大大限制你创业的高度。创业团队并不是谁出的钱多，谁就坐第一把交椅。因为创业公司终究是要准备融资的。股权不能按早期出资比例来分配。个人能力、资源、技术禀赋等要素都需要纳入对股权分配的综合考虑。

放下成为一个创业主导人的心思筹备创业团队，可寻觅的创业伙伴人选会多很多。做一个创业团队召集人远比做一个创业主导人更切实际。放下个人控制欲，就放开了原始团队的包容空间。如果你顺利找到那个比你更强的人，恭喜你，你需要的是抓住他，让他能和你同行，共创盛举。

如有必要，要勇敢地把股权让出去，推举他人成为团队领袖，为共同的信念奋斗。

不要失去对公司的控制权

一旦创始团队成立，随着融资的进行，一定要留心股权变动，以防创始团队最终失去对公司的控制权。如1号店创始人于刚黯淡离场，雷士照明创始人吴长江被资本“逼宫”，俏江南创始人张兰被扫地出门……因为创始团队失去控制权，太多企业自此走下坡路或者失败。

运营一家公司，在关键决策上必然存在路线斗争，没有迂回和妥协可言，不是死就是活。可在公司战略面前，资本具有逐利的本性，失去控制权，谁会在乎创始团队的创业初心？

创始团队成员务必要有控制股权的欲望和决心。

这里需要从创始团队作为整体的角度出发，不管团队内部如何分权，只要团队能够掌控公司控制权，就代表整个公司的原始基因可以延续。要想牢牢地把握公司的控制权，最理想的方式就是把握公司的控股权，因为股权是对公司的终极控制权。

创始团队为快速发展会经历多轮融资，创始团队的股权会不可避免地被稀释。资本和创业者之间的控制权问题会越来越突出。那么，有什么办法可以使创始团队牢牢地控制公司呢?

1. 注册合伙人公司，让合伙人公司再注册有限责任公司。这样，无论以后如何稀释，都不会影响合伙人公司（创始团队）对公司的掌控力。但是这样，后期融资时会受到挑战，投资方不会认可这种模式。

2. 公司启用 AB 股双重股权制度，即同股不同权制度。A 型股可以公开交易；B 型股不能公开交易，只能由管理层持有。而 B 型股票的投票权是 A 型股的 10 倍。这样，即便创始团队被大大稀释掉股权占比，依然能够牢牢控制投票权，从而控制公司。只是 AB 股制度目前在 A 股市场不被认可，这也是很多公司远赴美国上市的原因。

总之，在创业之初，要充分重视股权分配的重要性，要开诚布公地和团队成员讨论股权分配问题，并且达成书面协议。分配原则至少要做到第一股东持股超过 50%，第二股东持股超过 10%。作为创业发起者，要有把比自己能力更强的人推为团队领袖的气度。分完股权，建立格局后，务必使全员都要高度重视对公司的控制权。

你需要的合伙人绝不是你身边的人

在一次酒会上，我碰到一个做艺术品展览的创业青年。他逢人就交换名片，头衔是 ××× 公司创始人兼首席执行官。他很健谈，喜欢分享自己对艺术品展览行业的见解和创业经历。

他说，他的公司成立没多久就获得一笔来之不易的投资。投资人一开始觉得他的创业想法不错，但是认为他缺少一个懂商业运作的合伙人，因此迟迟不给最终答复。于是，在一个社交酒会上，他认识了现在的合伙人。这位合伙人是一个女孩，刚刚从英国读完 EMBA，有过一些商业项目运作经验和知识储备，对他的项目也感兴趣，两人一拍即合。因为这个女孩的加盟，投资人才最终下定决心投资。

我问他："除了工作，你们会发展男女朋友关系吗？"

他听后爽朗地笑起来，"不不不，我早就结婚了，孩子都 2 岁了。她只是我的合伙人。"

"可是她只是你偶然碰到的一个陌生人，创业这么大的事，为什么你会选择她？"我继续问道。

"因为她是最合适的，也是最棒的。"他说。

我当时只是佩服他的勇气和运气，后来历经一段创业历程后，更觉得他理性和聪明。在创业合伙人的选择上，他只会考虑合适还是不合适，而不是考虑熟悉还是陌生。显然，他优先看中的是创业这件事而不是人，他的创业心态是因事寻人。然而，很多人的创业心态却是因人寻事。

你的创业梦想是什么？有人说，能和一群自己喜欢的、相互欣赏的、志同道合的人做一些事情，一起奋斗的过程更有意义。不要觉得荒唐，事实上很多早期创业者都是这般心态，这是典型的因人寻事的心态。

这并不是理性的创业心态。因为大家完全可以利用闲暇时间，凑一个周末，或者同时请个年假，一起去完成一些事，而不是选择用创业这种方式。

创业是在极度不确定、不稳定状态下承担着各种各样不确定风险的行为，这一过程中所承受的痛苦和折磨可能会给你在乎的伙伴关系带来毁灭性打击。因人寻事，结局往往是因事散人。回顾初心，你到底是在乎人还是在乎事？

因人寻事多半是一种熟人创业模式。熟人圈也被称为“强联系圈”，并不是最理想的创业环境。

社会学家马丁·吕夫（Martin Ruef）曾做过一个问卷调查。这项调查在美国斯坦福大学进行。他调查了 766 个获得 MBA 学位且至少尝试过创业的“企业家”。他发现创业想法来自与家人和朋友这些强联系人的讨论的只占 38%，而来自与客户和供货商这类商业伙伴这些弱联系人的讨论的则高达 52%。可见，创业之初，好的创业想法大多来自弱联系人群。

调查发现，在创业团队组合关系上，强联系团队和弱联系团队的数目比是 5:3。这说明大部分创业团队仍然由家人和朋友构成。而马丁·吕夫通过对一个创新评估模型的评估发现，弱联系团队的创新能力是强联系团队的 1.18 倍。如果团队成员在此之前并不认识，那么这个团队的创新能力还可以更高一点。

不仅如此，有研究发现，这两类创业团队的投资成功率也有差别。

2012 年 6 月，哈佛大学商学院的冈珀斯（Gompers）、慕克哈（Mukharlyamov）和轩于海（Yuhai Xuan）发表了一篇名为《友谊的代价》的论文。这篇论文考察了 3510 个风险投资者以及他们在 1975 年到 2003 年间的 11895 个投资项目。有些人选择与自己能力相当的人合作，比如大家都是名校毕业；但更多的人选择与“熟人”合作，比如曾经的同学、同事，或者仅仅因为两人是同一种族。这个研究发现，按能力选择搭档可以增加投资的成功率，而找熟人搭档则会显著减少投资成功的可能性。

以上这些研究都指出搭档陌生人创业比熟人创业更有优势。

为什么会如此？回答这个问题可以上升到一系列学术课题。比如 1973 年社会学家马克 · 格兰诺维特（Mark Granovetter）在《美国社会学杂志》发表了一篇经典论文：《弱联系的力量》（The Strength of Weak Ties）。文中指出：弱联系更多地发生在群体之间。由于弱联系的分布范围较广，它比强联系更能充当跨越其社会结构与阶层的界限去获得信息和其他资源的桥梁，可以将其他群体的重要信息带给不属于这些群体的某个个体，进而创造出更多的社会流动机会。这就是“弱联系的力量”。

我们暂且把学术研究放在一边。依赖熟人圈的创业心态，其实暴露了创业时的一种惰性——没能勇敢走出自己的社交舒适圈。殊不知，熟人舒适圈内的创业组合存在太多信息盲点和隐患。

比如，和熟悉的同事之间，因为职场生态的内部竞争性，存在很多保留意见，坦诚的空间并不大，你所了解的同事的形象存在很大的片面性。和家人之间，由于存在太多的情感牵绊和纠葛，极容易让其他家庭成员无所适从。而对于身边那些无话不谈的朋友，因为创业，将他们强行拉入利益交换中，人情味就淡了。即便最被推崇的同学创业，也因为大家大多来自一个专业，缺失了跨界信息的碰撞和交换。

从创业的初心而论，笃定信念，为的就是去挑战一番舒适区以外的生活。既然做好准备去经历风雨，为何不在创业搭班子的时候就勇敢走出熟悉的社交圈呢？

不要让丝毫惰性阻碍你创业的决心。

当然，并不是熟人圈内的所有人都应该回避。只是需要注意，那些值得一起打天下的班底是需要好好鉴别一下的。用“因事寻人”的态度，你总能想到最适合的人，而不是关系最好的人。如果非要挑一些熟悉的伙伴，不妨去寻找离职后还能高效互动的前同事，那些有着极强成就欲的好朋友，还有那些跨专业、跨行业的老同学。

退出，散伙，别永别

在百度知道里有这样一个问题：如何避免创业合伙人敌人式的分道扬镳？

答：一开始就说好如何退出。

一语中的，多么经典的回答。太多的创业团队不曾想过退出和散伙的同题。大家好不容易找到合适的合伙人，并且坦诚地提前设定好股权分配机制，在对未来的憧憬和乐观情绪的作用下，何曾会想到故事还没开始，就要提前考虑友散缘尽的危机？

“天下无不散之宴席”，聚散离合本是创业与人生的常态。创业是在和一系列的不确定性做斗争。没有思考退出和散伙问题的创业团队显然是不理性和不成熟的。合伙创业，先思考如何退出和散伙，是为了走得更长远，为了将来好聚好散。

那么，影响创业合伙人之间聚散的关键点是什么？名利的分配。

2018 年创新中国春季峰会上，蜻蜓 FM 创始人张强分享他的创业故事时坦言，随着公司的发展，当初利益分配不合理，从此和友人分道扬镳。

《史记》有云：“天下熙熙，皆为利来；天下攘攘，皆为利往。”其实身边的创业故事无不在利来利往中起起伏伏。创业初期，由于公司规模小，大家计较的东西不多。可是公司开始发展，有了名，有了利，便会有诱惑。在诱惑面前，所有人的意志和品行都会被拿出来掂量。公司成长中，那些随之而来的名利将大家都拖进一系列被考验的处境中。

日本推理小说作家东野圭吾说：世上有两样东西不能直视，一是太阳，二是人心。

1974年，南斯拉夫行为艺术家玛丽娜·阿布拉莫维奇进行了一场著名的人性实验。她用药物麻醉自己，然后坐在椅子上。旁边的桌子上放了72种道具，包括玫瑰花、画笔、口红以及刀、枪、皮鞭等。观众被容许使用任何道具对她做任何事。最初，好奇的人们只是试探，有人用口红在她的脸上乱涂乱画。随着时间推移，人们发现无论如何摆布，阿布拉莫维奇都不做任何反应。人们越发大胆，有人剪开她的衣服，然后往她身上吐痰；有人把玫瑰花上的倒刺粗暴地扎进她的身体……实验变得越来越疯狂，直到有一个人用手枪顶住她的头部，最终被群众阻止。

这次行为艺术持续6个小时，在被人施暴的过程中，阿布拉莫维奇内心一直充满恐惧，浑身颤栗，满脸泪水。人性深处藏着一些不堪入目的东西，一旦有合适的土壤，就会蔓延生长。

一些人性的弱点是经不起考验的，如果非要考验，只会让人越来越失望。然而，我们要的不是创业一场后对彼此人性失望的结局。那么，该怎么办呢？

时尚集团董事长刘江在谈到创业合伙人的问题时说，20多年经验告诉他，创业合伙人一直走下去是很难的。要避免合伙人分手，一定要事先想好可能导致分手的原因并且提前去解决。为了以后少一些纠纷，也少一些伤害，需要提前做好名利的分配。

创业初期，团队若能达成退出和散伙协议，便是对以后名利危机的提前预警和设防。不同的团队有不同的预警思路，但是有四个关键环节不能不考虑。

1. 底线退出。每一个初创公司都应该拥有自己特有的基因和价值观。而设定底线，就是设定公司容忍的阈值。触犯底线，无论这个人多么劳苦功高，都需要无条件退出。

2. 股权退出。每个人享有的股权，其实代表着个人对公司未来的信心。分配股权便是在分配企业的未来。当有人退出时，便意味着这个人无法为企业的未来做出贡献，那么股权也需要退出。设定回购条款，退出的股权要么被公司回购，要么被其他股东按比例回购，不能指定转移，更不能由亲属或直系继承。

3. 不可抗力退出。天有不测风云，人有旦夕祸福。具有不可抗力的意外事故会导致个人无法更好地履行职责，所以需要有退出或转岗计划。合伙人之间可以签订退出协议。

4. 散伙退出。如果创业已经陷入败局，团队应该有勇气提前做散伙的决定。在失败的泥潭里拖住彼此，时间越久越痛苦。团队应提前判定散伙的几个条件，若都满足，就不用在散与不散中过度纠结。

以上四个环节的退出条件都在强调每一个合伙人对公司的核心价值，也在避免出现令彼此失望的结局。这是一个成熟的创业团队所必需的。

有一种快乐的成功，需要提前设定边界

和朋友的一次聚会中，我们谈了一些关于成就事业的话题。我们设定很多成功的条件，也列出很多需要克服的困难。除了感叹成功太难，也碰撞出一层新的认知：得为成功提前设定边界。

现如今，很多创业公司在团队内部开始传递这些信息：不想快速扩张，只想守住初心。

不做多是第一个挑战

得到团队在一次例会中提到，从几十人的团队规模发展到几百人的“小怪兽”，管理方式已经进入新的领域。有太多的事情等着去做，但很多事情一旦做了，就会为其所累。

脱不花（李天田）在例会上说：“进入深水区，就要思考怎么少做事，宁可闲着。为什么？在物理学上，这叫熵。现在得到公司的人越来越多，组织越来越复杂，随着公司规模的发展，一定是在做越来越多的事情。但是对于当初做对的事情，其实是越来越没有力气的。现在应该只做符合核心算法的事情，相信飞轮效应。不做多是第一个挑战。”

这种认知其实就是要收住团队的触角，控制发展的边界。不求发展地更快，只求发展更好。这是不容易的。拿着投资者的钱，不得不迎合他们对利润回报的要求。企业疯狂扩张，以此不断获得新的融资，不断圈钱，不断膨胀。资本的野蛮玩法裹挟着创业团队横冲直撞。

不做多，起码是对投资者快速逐利要求的一种挑战。

发现极限是一种福气

极限对工程师来讲是一个非常重要的概念。稍微有一点经验的工程师都知道，任何产品的性能都有一个物理上无法突破的极限。这个极限并不需要等到接近它的那一天才知道，而是早就可以通过已有的理论推断出来。当一大群人在努力改进产品性能时，一个有眼光的人突然宣布它的极限。这其实是工程师们的福气，因为他们不必再为不可能的事情浪费时间。

相反，只有缺乏工程思维的人才会想：随着科技的发展，任何人间奇迹都可能会发生。

能提前发现极限不仅仅是工程师的福气，对创业者来说也是一种安全预警。

奔着一个理想开始不停地奔跑，想着更快、更大、更强。这种想法是危险的。在奔跑的路上，一定是在不断地挑战极限，而挑战极限有时候是很痛苦的。因为花费太多的时间也未必能提升一点，越是接近极限越难提升。

在追逐事业的时候，如果能知道极限的存在，就不会为刻意达到某个水平而徒劳地奔跑。保持精力，做那些还远没有达到极限的事情。如果总认为只要团队足够努力，一切奇迹都会发生，就陷入危险的边缘。

梁宁说，人一生中那些非常艰难的时刻可被称为“至暗时刻”。太多的创业者没有通过那段至暗至黑的时刻。有人选择放弃生命，有人选择放弃信念。是因为他们不够聪明、不够努力吗?

有一种解释是，他们没有提前发现极限。在人生不设限的情况下，他们在至暗时刻崩溃了。

终局思维

我们有时也特意强调终局思维。态度极端地看着终点，执着地认定那个方向，行程开始变得匆匆忙忙。然而，这种终局思维会成为一种执拗，影响你前进的节奏。

前不久，朋友圈开始传阅实业家稻盛和夫对领导人的一篇思考文章。他说：

环视当今商界，无论是创立新兴风险企业获得巨大成功的创业型经营者，还是出任大企业 CEO 后让企业再度飞跃发展的经营者，凡是这些成功的经营者，无不聪明能干、才华横溢，而且个个热情焕发、干劲十足。

但是在几年前 IT 行业走红的时候，有许多崭露头角的经营者和企业如彗星般突然出现，不久后又消失。

越是才华出众、热情高涨的人，他们的能量就越大，就越需要有一种东西来控制他们的这种能量。我认为这种东西就是人格。人格能驾驭才华和努力发挥的方向。如果人格扭曲，就不可能在正确的方向上发挥他的才能和热情，就会导致经营的挫折和失败。

人要有一种不做恶的底线。特别是雇用很多员工、负有很大社会责任的企业经营者，更需要尽最大努力去提升自己的人格，并把它保持在高尚的水准上。

在大企业经营层面，如此控制不难理解。如果在开始设定事业方向的初期，能意识到某种控制机制，就更难能可贵。对于刚刚起步的人来说，就像跨过一道墙，看到外面新的土地。于是他认为，可以在这片土地上尽情地耕耘并有所作为。就像一匹马，不择手段，只想更快地到达终点。然而失败也不远了。

只想着策马奔腾，陷入执拗，恐怕离终局更远。

初心的快乐

朋友和我分享了春雨医生创始人张锐创业的心酸。创业四年多，他最焦虑的事似乎都跟钱有关，不是在找钱，就是在愁怎么赚钱。这离他创办春雨医生的初心越来越远，后来他过早离世更是令人心酸。

我们放眼身边，有太多的成功与失败，放眼当下，有太多可做可不做的机会。但凡大事业，早已不是一个人能左右得了的，而往往是被一众人等裹挟着奔跑，停不下来。可是这种停不下来的节奏真是自己当初想要的吗？

这是一个再寻常不过的问题，在每个阶段都可以拿出来问一问。问题的存在就是一种提醒，就怕这种提醒不曾被我们意识到。

当然应该庆幸，身边有朋友能带给你这种提醒的声音。

最后

朋友举杯说：小成即安的事业未必不是一种初心的快乐。

我也举杯：小成即是边界。

图书在版编目 (CIP) 数据

终身成长：自我管理与人生进阶指南 / 曹涛著 . —北京：中国法制出版社，2019.7

（行动派 - 自我精进书系）

ISBN 978-7-5216-0188-6

Ⅰ.①终… Ⅱ.①曹… Ⅲ.①自我管理—通俗读物 Ⅳ.① C912.1-49

中国版本图书馆 CIP 数据核字（2019）第 077227 号

策划编辑：杨　智（yangzhibnulaw@126.com）

责任编辑：杨　智　冯　运　　封面设计：汪要军

终身成长：自我管理与人生进阶指南

ZHONGSHEN CHENGZHANG：ZIWO GUANLI YU RENSHENG JINJIE ZHINAN

著者 / 曹　涛

经销 / 新华书店

印刷 / 三河市紫恒印装有限公司

开本 / 710 毫米 ×1000 毫米　16 开　　印张 / 13.25　字数 / 169 千

版次 / 2019 年 7 月第 1 版　　2019 年 7 月第 1 次印刷

中国法制出版社出版

书号 ISBN 978-7-5216-0188-6　　定价：39.80 元

北京西单横二条 2 号　邮政编码 100031　　传真：010-66031119

网址：http://www.zgfzs.com　　**编辑部电话：010-66038703**

市场营销部电话：010-66033393　　**邮购部电话：010-66033288**

（如有印装质量问题，请与本社印务部联系调换。电话：010-66032926）